APPUNTI DI DIRITTO

DEL LAVORO

Graziano D'Urso

2020

Appunti di Diritto del Lavoro

© 2020 Graziano D'Urso

Lulu.com, Morrisville, NC.

ISBN: 978-0-244-26701-8

INTRODUZIONE

Questo libro vuole essere una raccolta di lezioni di diritto del lavoro e diritto sindacale in forma di appunti. Un testo suddiviso in trentotto lezioni trascritte nell'a.a. 2010/2011 presso la facoltà di Giurisprudenza dell'Università degli Studi di Catania.

Il curatore pertanto declina ogni responsabilità per il contenuto e la correttezza scientifica delle lezioni.

Febbraio 2020

1.   Come funziona il Diritto del Lavoro

Il Diritto del Lavoro ci introduce alla realtà della vita quotidiana regolata dal diritto. La nostra Costituzione ci dice che la Repubblica italiana è fondata sul lavoro. Del lavoro si può avere una visione meramente produttivistica: si guadagna per poter consumare, o arricchire. Per la maggioranza della popolazione il lavoro è una esperienza progettuale: si lavora in quanto tale attività appaga. Il lavoro più ideale di tutti è quello *"mission"*: lavoro appagante che porta un forte ausilio agli altri. Il Diritto del Lavoro si occupa anche di adattamenti alla possibilità di conciliazione con lo studio. Il Diritto del Lavoro confina anche col Diritto Amministrativo. Il Diritto del Lavoro è importante anche perché regola l'organizzazione della vita qualora si entri nel mondo e nel mercato del lavoro, fino ad un momento finale (confinando con la previdenza sociale). Il Diritto del Lavoro confina anche con la Medicina Legale (infortunio, malattia, maternità, etc.) Ai giuristi del lavoro serve anche a consigliare alle imprese la gestibilità, contratti, etc.

Il giurista del lavoro lavora anche quando non c'è lavoro (fallimento, licenziamenti, etc.) Bisogna però applicare bene le regole per poter licenziare in quanto sono necessari taluni ammortizzatori sociali. Le imprese si fanno consigliare da giuristi del lavoro per poter intraprendere talune attività ed operazioni.

Il Diritto del Lavoro fa affrontare un problema micro in una dimensione macro: quello che succede in Italia è così regolato anche in altri stati nazionali, in quanto la globalizzazione tende a uniformare le regole del lavoro. Il Diritto del Lavoro tende a globalizzarsi in quanto sorta di occhiale che fa guardare problemi locali con visione globale. Il Diritto del Lavoro non si occupa solo del rapporto di lavoro contrattuale, ma anche dei meccanismi nei quali si crea il lavoro, come incentivare il lavoro in quanto la disoccupazione è un piaga internazionale, e si prevede nei prossimi 5-6 anni che sarà impossibile anche recuperare posti di lavoro ormai persi. Il lavoro si può creare in vario modo: lo Stato può intervenire creando lavori socialmente utili (operatore ecologico, archivista, etc.), lavori ovviamente fittizi ma che comportano una nuova circolazione di denaro.

E' l'impresa che produce lavoro in quanto sulla base di investimenti aumento il numero degli occupati. Le imprese spesso ancorché in sviluppo invece di investire nel lavoro, investono nella tecnologia; non investe più nel paese, ma conviene trasferire l'azienda all'estero dove la mano d'opera è 20-30 volte a prezzo inferiore.

Al lavoro si accede mediante agenzie, ufficio di collocamento, clientele politiche. Altri problemi sono:

come ci si prepara al lavoro, come si valorizza il *curriculum* ed i titoli, come sentirsi rispettato nel lavoro, come si vive nel lavoro (dal punto di vista economico), cosa succede se si perde il lavoro, cosa succede nel passaggio da un lavoro ad un altro. L'occupabilità è la capacità di trovare lavoro; non c'è più la sicurezza del posto del lavoro: non c'è più la sicurezza di un tempo. Ed un altro problema è su chi comanda del lavoro, si è liberi o soggetti, vi è una gerarchia, etc.

Qualora ci si comporta male vi sono provvedimenti, proporzionalità di infrazione e provvedimento, giustificazione di licenziamento. Vi è anche il problema della sicurezza prodotta da lavoro, sicurezza di guadagno, precarietà (che è più pesante per le donne): se si licenzia una donna vicino alla data del suo matrimonio, il licenziamento è comunque illegittimo, quindi i datori di lavoro offrono alle donne solo contratti di lavoro a tempo determinato, o co.co.co.

Il tasso di incidenti nel lavoro è così alto in quanto spesso si tratta di lavoratori in nero in cantieri in cui non vi sono norme di prevenzione. Il rischio oggi è molto più sottile: stress, salute fisica, saluta mentale, disturbi neurovegetativi, disadattamento, rapporti disumani: un ambiente rilassato ha una produttività maggiore rispetto ad un ambiente stressato. Il problema non sta solo nel *look*, ma anche nel riposo: la "pennichella" fa recuperare i lavoratori rendendoli più produttivi. Altri problemi sono l'emarginazione (*mobbing*), discriminazione. Il *Part-time* ha agevolato tantissimo l'inserimento della donna nel lavoro, ma ciò produce che la carriera delle donne è rallentata comunque; se da un lato aiuta a lavorare, dall'altro crea il tetto di cristallo (impedimento che non si vede che impedisce alle donne di raggiungere i posti degli uomini).

Altro problema è come garantire il lavoro ai diversamente abili (improduttivi di base), ed agli immigrati (gli immigrati al nord stanno garantendo posizioni di lavoro che gli italiani rifiutano).

Oggi si subisce la forte concorrenza dagli Stati esteri, che talvolta è corretta (v. ingegneri informatici in india), invece che sleale (bambini ridotti in schiavitù a cucire palloni o scarpe).

I giuristi del lavoro si occupano dei problemi sopraelencati dal punto di vista del diritto: ordinamenti e regolamenti che non sono riconducibili al solo diritto dello Stato: gran parte delle regolamentazioni sindacali deriva dagli accordi extrastatali, tra diversi strati sociali. Le leggi del lavoro sono il prodotto della concertazione sociale, accanto alla crisi della democrazia rappresentativa, recependo e tramutando in legge ciò che gli strati sociali producono naturalmente.

Le leggi sociali in Europa non sono frutto di consultazioni legislative, ma si demanda alla decisioni delle parti sociali.

Il Diritto del Lavoro cambia continuamente, è vivente (si riproduce, ed è assolutamente interessante la magistratura e la giurisprudenza). Il Diritto del Lavoro si basa maggiormente sulle clausole generali sulla base delle quali si costruisce la produzione della giurisprudenza che impone poi alla magistratura di cambiare orientamento.

2.   Oggetto del Diritto del Lavoro

Il Diritto del Lavoro ha avuto il suo culmine negli anni '60, anni in cui si è affermata la disciplina. Originariamente era una branca del Diritto Privato. Dentro il Diritto del Lavoro c'è il Diritto della Previdenza Sociale, del Welfare. C'è anche il Diritto Sindacale che è oggetto di partizione del nostro corso, solo in parte formato da leggi dello Stato, e si struttura sulla base di alcuni principi fondamentali. Poi c'è il Diritto del Lavoro in senso stretto, quello che regola il lavoro autonomo, subordinato, semidipendente, etc., che è retto da regole dello Stato e da nuovi modelli di contratto che i nuovi lavori richiedono: contratti di co.co.co. (contratto di collaborazione coordinata) molto diffusi perché sono contratti di lavoro non subordinato, sta nel mezzo tra quello subordinato e quello autonomo ma non è una categoria a parte.

Il Diritto del Lavoro, nella sua genesi storica, nasce con i contratti a lavoro subordinato, formato da due soggetti liberi, chi offre e chi cerca lavoro che si incontrano e stipulano un contratto: la persona (contrariamente alle forme precedenti, vedi schiavitù) non si sottopone fisicamente, ma è un soggetto libero perché può esercitare l'autonomia privata. D'altra parte il datore di lavoro decide se ciò è conveniente.

Questa dinamica contrattuale, apparentemente neutra, si sbilancia verso il contraente forte che può porre le condizioni, mentre il lavoratore subisce le condizioni dell'altro perché non ha altre forze che le proprie energie lavorative. Il Diritto del Lavoro, sinteticamente, serve con la sua legislazione a riequilibrare dal punto di vista del diritto ciò che dal punto di vista economico si presenta come una disparità di fatto.

Nella misura in cui nel contratto subentra una fonte che lo regola dall'esterno, questo contratto perde la sua valenza, è un **contratto etero determinato:** questa è la caratteristica saliente del contratto di lavoro poiché il lavoro nasce su un contratto che non è espressione dell'autonomia contrattuale in quanto è fortemente regolato dal Diritto del Lavoro. Il Diritto del

Lavoro nasce come garanzia sociale data dallo Stato, che viene sofferto dalla parte forte.

P.es.: un imprenditore in una situazione di mercato senza obblighi non avrebbe alcuna volontà ad investire in sicurezza, perché sono improduttivi per la produzione, anzi la limitano per renderla più sicura. Il Diritto del Lavoro lo vincola invece a garantire le norme di sicurezza la massima sicurezza tecnologica possibile.

Il contratto ha forma **Autonoma o eteronoma:** a seconda che sia dettato solo dalla volontà dei contraenti o che in esso intervengano altre fonti che lo regolano in maniera invasiva.

Mentre tutti i contratti sociali si riferiscono alla dimensione del possesso, godimento, proprietà dei beni, nel contratto di lavoro ciò che è implicato è l'essere, ciò che sei e che fai. La tua sicurezza fisica e psichica, il tuo benessere al di là del godimento attraverso i beni.

P.es.: Io attraverso il contratto impegno me stesso, metto a disposizione le mie energie psicofisiche. Questo è l'oggetto finale del contratto di lavoro e ciò giustifica il fatto che ci sia un soggetto esterno che controlla. Oggi la critica di questo tipo di contratto di lavoro comincia a trovare dei suoi spazi, soprattutto da parte degli economisti neoliberali i quali basandosi sull'emancipazione dei lavoratori, vorrebbero una maggiore autonomia contrattuale a discapito del sistema eteronomo dell'attuale contratto del lavoro. In questo modo si riporta il contratto di lavoro alle origini.

Il contratto di lavoro in qualche modo razionalizza la concorrenza tra le imprese che devono concorrere su ambiti diversi dal sociale (efficienza, innovazione, etc.). La visione tradizionale del Diritto del Lavoro è il diritto che disciplina i rapporti contrattuali etc.

Nel trascorrere degli anni il Diritto del Lavoro ha avuto anche altre funzioni, nel '93 in Italia si sono regolate le Pubbliche Amministrazioni, si è pensato di cambiare le relazioni tra P.A. e cittadini con il Diritto del Lavoro.

Si è allargata la "platea" degli utenti del Diritto del Lavoro: è chiaro che il Diritto del Lavoro è diventato strumento dell'economia, serve ad eliminare le distorsioni del mercato del lavoro tra offerta e domanda. Prima l'incontro tra domanda e offerta di lavoro era funzione statale ora è stata privatizzata, la funzione di reclutamento è stata affidata a soggetti privati, ad imprese.

Inoltre il Diritto del Lavoro è fortemente connesso al principio della dignità umana. Quando ci sono due diritti della Costituzione che entrano in conflitto (sciopero - mobilità/assistenza) questi sì contemperano con una serie di regole che tentano di bilanciare il potenziale conflitto di interessi.

Zagabeschi ci dice che non ci sono diritti assoluti, tutti i diritti anche i fondamentali, sono relativi perché coesistono con tanti altri diritti e nella complessità dei rapporti economico sociali questi diritti possono entrare in conflitto, è compito, soprattutto dei giudici, di contemperare con parametri di ragionevolezza, principio di proporzionalità, di necessità tecnica **del bilanciamento.**

P.es.: se un'impresa polacca, decide sulla base del principio di libertà dei servizi secondo cui qualunque imprenditore può avviare un'attività economica fuori da quel paese e si porta i propri lavoratori fuori pagandoli sempre un quinto degli stipendiati in altri paesi, possono i sindacati degli altri paesi parlare di concorrenza sleale perché questa prende tutti gli appalti? Se l'impresa del paese "altro" chiude, la responsabilità nel nostro ordinamento sarebbe dei sindacati.

3.   Il Contratto di Lavoro

Il Diritto del Lavoro è stato considerato per molto tempo una branca del diritto Civile (tipologia diritto dei contratti). Il contratto di lavoro è tipizzato dalla legge, già preconfezionato. E' un contratto tipico ed ha dei propri principi che si differenziano dai principi generali in materia di contratto. Certi principi generali nel Diritto dei Contratti non si applica al Diritto del Lavoro. Ciò significa subito che il Diritto del Lavoro non è riconducibile al Diritto Privato proprio per questa sua diversità e non bisogna pensare con le categorie del Diritto Civile. Nel contratto di lavoro questi principi vanno riadattati.

Il lavoro non è una merce e ciò è alla base di molte dottrine politiche, filosofiche e religiose: sulla base di ciò si costituisce il contratto. In principio il Diritto del Lavoro veniva considerato branca del diritto dei contratti, che regola il rapporto tra il datore di lavoro ed i lavoratori. Il diritto del lavoro regola all'interno del Diritto Privato le relazioni contrattuali tra i lavoratori e le imprese e tuttavia la scoperta fatta quasi subito è stata (all'inizio del secolo) che l'applicazione delle regole del diritto dei contratti al Diritto del Lavoro comportava cortocircuiti, problemi.

Barassi cercò di dimostrare che il contratto di lavoro è Diritto Civile, risalente direttamente dalla *locatio operarum* del Diritto Romano. Alcuni giuristi socialisti di cattedra cercarono di spiegare che nella prassi il contratto di lavoro doveva essere molto diverso dal semplice contratto civile.

Non c'era nessuna possibilità di eguagliare il contratto di lavoro a qualsiasi contratto civile, per la originaria e genetica diversità. Lo scambio tra lavoro e retribuzione faceva pensare a Barassi il Diritto Civile, ma i socialisti di cattedra ritenevano che i concetti del contratto di lavoro facevano ripesare automaticamente a concetti di tipo sociale. Le categorie lavoristiche di tipo giuridiche hanno delle categorie sociali che solo il Diritto del Lavoro mantiene. Oggi sta avvenendo il procedimento inverso a quello che accadeva all'inizio del secolo: il legislatore (italiano e soprattutto europeo) sta riformando il Codice Civile sulla base dei concetti di Diritto del Lavoro e questa modifica interessa molte classi sociali lavoratrici, oltre che ai consumatori. Il Diritto del Lavoro si è esteso fino ad infiltrarsi nel Diritto Civile.

La nullità del contratto di lavoro produce effetti (a differenza del contratto civile): la prestazione d'opera sulla base di un contratto nullo non viene travolta da nullità (p.es.: la prostituta va pagata; v. Art. 2126 c.c.). Se un lavoratore è stato assunto sulla base di un concorso nullo, perde il posto di lavoro ma non i diritti maturati (punteggio e retribuzione). Se non si presta il lavoro per qualsiasi motivo (salute, etc) il datore di lavoro non è esentato dalla controprestazione (lo Stato e/o il datore devono mantenere la controprestazione). Lo sciopero è un diritto costituzionale quindi si può scioperare senza produrre inadempimento sul piano penale e/o civile (ma non vi è l'obbligo di controprestazione da parte del datore di lavoro).

La ragione di queste eccezioni non mette in discussione la differenza di potere tra datore di lavoro e lavoratore (cosa comunque impossibile), e non tentano di mettere sullo stesso piano lavoratore e datore; il Diritto del Lavoro può attenuare la discrepanza tra i poteri di lavoratore e datore. Si ritiene quindi che il Diritto del Lavoro ha una visione paternalistica (ed i cattolici sono coloro che vedono meglio il "Diritto" del Lavoro). Quando un soggetto ha una capacità d'agire attenuata (perché minore o disabile, o altro) lo Stato interviene a sostegno; questo concetto è stato rielaborato per applicarlo nel Diritto del Lavoro. Il Diritto del Lavoro serve a ridistribuire in maniera uniforme nella società. Sen dice che bisogna pensare che la capacità è la libertà effettiva di affermare il proprio talento, quindi il lavoro dovrebbe portare non solo reddito ma anche realizzazione, preparazione, ed aumento così della *capacitas*.

In molti contratti collettivi si stanno introducendo delle clausole in cui anziché lavoro straordinario retribuito, si inserisce una "banca del tempo": le ore di lavoro in più vengono utilizzate per poi in orario ordinario di lavoro poter allungare in ferie. La tutela tradizionale è garantita dalla norma inderogabile, non dispositiva; il Diritto Civile dà la possibilità di modificare le norme del contratto, ma non nel contratto di lavoro in quanto le parti non possono anche consensualmente modificare le norme e le clausole.

La norma inderogabile si sostituisce alla volontà delle parti e non può essere derogata. Il Diritto del Lavoro è intensamente intriso di interessi pubblici. Il Diritto del Lavoro è tradizionalmente contraddistinto da questa tecnica, e neanche i sindacati possono derogare alle norme inderogabili in quanto rispondono ad un interesse pubblico e quindi è una norma limitativa dell'autonomia privata. Un'altra tecnica molto diffusa è il principio di non discriminazione, che è molto più giovane ed è molto utilizzata nei paesi britannici: il principio di non discriminazione è stato utilizzato dai giudici come surrogato della norma inderogabile, in quanto il Diritto del Lavoro è poco sviluppato per ragioni storiche. Un lavoratore deve essere inquadrato alla sua qualifica: il lavoratore non può essere sotto inquadrato (sminuito dalle sue qualità, professionalità, etc).

La inderogabilità è una tecnica antica nata in Italia nel 1924: già esistevano provvedimenti, ma il primo intervento organico è stato fatto sugli impiegati privati. Il contratto di lavoro non si può studiare se non accanto alla tecnica della inderogabilità. Non si può rinunciare ad un diritto del contratto di lavoro: la rinuncia è impugnabile in quanto nulla, in qualunque momento. Datore e lavoratore non si possono accordare per lavorare con mansioni di contenuto inferiore, a meno che non ci sia rischio di licenziamento, in quanto il bene occupazione prevale sul bene professionalità. Non si può rinunciare alle ferie, anche se pagate in *surplus*.

Qualsiasi rinuncia del lavoratore di un suo diritto è nulla e quindi impugnabile anche se fondata su un accordo (economico) tra lavoratore e datore: il lavoratore può sempre impugnare la rinuncia (perché nulla). Il rapporto di lavoro nasce sul consenso, ma il contratto cede sul regolamento del rapporto: il contratto crea il rapporto e lo regola.

La funzione del contratto si ritrae sulla regolamentazione: la regolamentazione è standard, non modificabile, inderogabile, uniformata. Ma nell'evolversi dell'interesse pubblico la funzione d'uniformità comincia ad entrare in crisi sulla base di molte nuove esigenze: la norma inderogabile è estremamente rigida. Il contratto individuale tende a recuperare spazi, ma bisogna stare attenti nel non ridare potere ai datori di lavoro. Bisogna rideterminare le norme inderogabili per ripristinare il livello del rapporto tra lavoratore e datore.

Non può essere lasciato tutto al contratto di rapporto individuale, ma neanche tutto alla norma inderogabile in quanto estremamente rigida. Brunetta ha utilizzato la norma inderogabile per tagliare le mani ai sindacati, proibendo la regolamentazione delle norme dei contratti: le norme sono regolate dalla legge, e una qualsiasi modifica è inosservanza della norma di legge. Nulla è fermo nel Diritto del Lavoro.

Non si può dire che nel Diritto del Lavoro è sovrana l'autonomia privata (a differenza dell'art. 1322 cc): le parti non sono sovrane della libertà contrattuale nella determinazione dei termini. Non si può negare la natura contrattualistica del rapporto di lavoro. Alcuni contratti di lavoro oggi stanno divenendo più complicati (v. contratti manageriali).

4.   Del Lavoro, Sindacale e del Welfare

Il concetto di inderogabilità sussume vari significati. La norma inderogabile cerca di attenuare la disparità. Il sistema di contratto di lavoro è fortemente caratterizzato dal fatto che è un'istituzione ad alto tasso eteronomo. Il contratto si riduce al semplice consenso in quanto tutto è già stabilito dalle organizzazioni sindacali: ha pochi spazi di regolamentazione di rapporto perché il regolamento è il larga misura determinato dalla legge. Le parti possono solo migliorare o meno gli standard minimi (al di sotto del quale non si può scendere). Ciò ha prodotto nel corso degli anni interventi legislativi in quanto le parti individuali non possono prendere iniziative private.

Il contratto di lavoro stabilisce degli standard delle ore settimanali, il che comporta un flusso di produzione stabile; potrebbe capitare però che un imprenditore riceva delle entrate, delle offerte o delle occasioni tali da dover modificare i flussi di produzione. Le formule di flessibilità delle norme rigide se esistono vengono concesse dalla legge: non possono essere introdotte dalle parti.

Il vincolo d'orario è stata una conquista sociale di enorme valore: la norma è intervenuta storicamente per portare un miglioramento al mondo del lavoro. La tecnica che esprime il concetto di inderogabilità è prevista dall'art. 2113 c.c. Quando si rinunzia ad un diritto si può entro sei mesi impugnare la rinuncia (p.es.: compenso maggiorato); ci sono diritti completamente indisponibili (p.es.: promozione). La norma del contratto collettivo si sostituisce a quella del contratto individuale: il contratto collettivo alla legge si sostituisce di diritto a quella norma del contratto individuale difforme dalla legge. Il Diritto del Lavoro si occupa di rapporti di lavoro dipendenti; il contratto di lavoro a cui si fa riferimento è spesso quello di lavoro subordinato. La differenza tra contratto di lavoro autonomo e subordinato tende a sfumare: innanzitutto il lavoro subordinato comincia a diminuire a favore del lavoro indipendente; nascono tanti nuovi lavori che si presentano nell'economia di servizi, tutta una serie di lavori autonomi non riconducibili al lavoro subordinato. Il Diritto del Lavoro in generale ha da sempre una doppia anima: il rapporto individuale di lavoro, ed il rapporto collettivo (in quanto è più facile trovare una regolazione collettiva posta dalla legge e le associazioni imprenditoriali, enti, sindacati, etc.). I soggetto collettivi danno luogo a relazioni giuridiche sono così complesse da dover essere studiate separatamente (Diritto Sindacale). Il Diritto Sindacale mostra i conflitti sociali tra i sindacati, la legge, e gli imprenditori. La terza dimensione del diritto del Lavoro è il Diritto del Welfare ma non si studia. Il Diritto del Lavoro agisce e regola conseguenze sul singolo rapporto di Lavoro (subordinato, parasubordinato, autonomo, etc.) ed interviene pure su situazioni di mera indipendenza economia (subfornitura); si occupa delle relazioni collettive sulle quali si costituiscono i rapporti individuali di lavoro (prodotto del Diritto Sindacale). Il Diritto Sindacale si occupa anche del contenuto e delle regole e le procedure attraverso le quali gli individui si incontrano: la natura del soggetto sindacale.

La legge fascista sindacale dal punto di vista del lavoro fu molto avanzata (anche se i sindacati vennero smantellati, repressi e scomparsi a favore delle corporazioni): non vi è quindi un buco nero, anzi, il c.c. applica delle disposizioni nate proprio in quel periodo

(v. riferimenti alle corporazioni). La struttura oggi presente è stata emanata in piena era fascista. Nel 1948 entrò in vigore la Costituzione la quale è fortemente impregnata dei principi di Diritto del Lavoro. Poiché le norme erano fortemente consolidate, furono inglobate dalla Costituzione le leggi delle organizzazioni corporative vennero abrogate, invece quelle relative al contratto di lavoro furono mantenute. Un ceppo normativo importante è quello della legislazione post-costituzionale con lo statuto dei lavoratori del 1970: è una legge fondamentale, aggiorna il c.c. ed attua i principi della Cost. La legge 300/70 attua la Cost. mediante le leggi del Lavoro. Il c.c. contiene alcune norme di base sul Lavoro, ma non è sufficiente poiché il Diritto del Lavoro si è esteso a tal punto da avere un Codice proprio: Codice del Diritto del Lavoro. Ma non è un codice emanato dal legislatore: è una raccolta normativa, ma in Italia si vorrebbe semplificare il tutto portando tutto ad un solo codice (SEMPLIFICAZIONE NORMATIVA). Il codice del Lavoro è illeggibile e quasi inapplicabile.

Pietro Ichino[1] ha teorizzato la risistemazione del c.c. sulla base dell'abrogazione delle leggi speciali e la

---

[1]   Pietro   Ichino (Milano, 22   marzo 1949)   è un giurista, giornalista e politico italiano.
È docente ordinario di Diritto del lavoro nell'Università statale di Milano. Ha inoltre svolto l'incarico di deputato dal 1979 al 1983, come indipendente di

riorganizzazione del codice sulla base di una codificazione del lavoro: riducendo il tutto a circa 60 articoli, a condizione di alcuni parametri (semplicità, leggibilità, sintesi, regolazione consuetudinaria ed autonoma di alcuni istituti, etc.) e riducendo 3803 parole in 167 (le ha contate lui).

5.   Diritto del Lavoro e Diritto Commerciale: le due facce della medaglia

Negli anni '90 (1993) si fecero una legge delega e dei decreti delegati per la modifica delle leggi sul lavoro. Fu emanata una direttiva per fare un testo unico in quanto era stato creato un mastodonte legislativo. Bisognava razionalizzare la legislazione sul lavoro. Il meridione trainava l'economia nel periodo della Repubblica Romana e nella rivoluzione mancata all'inizio dell'800. Il codice funzionava perché era scritto da grandi giuristi (avendo giurato fedeltà al regime forse opportunisticamente) liberali. Era un codice moderno poiché prefigurava il superamento dell'ideologia capitalistica. L'Italia era in ritardo

---

sinistra nelle file del PCI. Nel 2008 è stato eletto senatore nella circoscrizione della Lombardia per il Partito Democratico.

rispetto a Gran Bretagna e Francia relativamente a rivoluzione industriale. Il codice segna la nascita del capitalismo italiano ed è un codice moderno rispetto a quello del 1865. Nel codice del 1865 non ricorre mai il termine "lavoratore" come se non esistesse, ed infatti non vi era alcun riferimento allo schema del contratto di lavoro in quanto era considerato un sottotipo del contratto di locazione (mercificazione della mano d'opera: si può prendere in affitto un operaio): locazione d'opera, in quando l'opera è una "cosa", una "energia (fisica)".

In Italia da sempre è stato utilizzato il contratto di "lavoro in affitto" per quanto riguarda le agenzie di lavoro: le imprese acquistano "lavoro" sul mercato, e lo affittano, lucrando. Nell'800 culturalmente si viveva con alle spalle il Medioevo, le corporazioni, servitù della gleba. Nelle botteghe artigiane il garzone si vincolava a vita in quanto il capo artigiano era un padrone. Nell'800 un contratto di locazione a tempo determinato serviva a liberare il lavoro da una forma di servitù, per regole della corporazione. Oggi è esattamente al contrario (tutti sono preoccupati a perdere il lavoro e vogliono un contratto a tempo indeterminato).

Nella evoluzione avviene che i principi del Codice (Civile) "Commerciale" si rendevano insufficienti (articoli civili in materia di commercio). Il legislatore del codice civile del 1942 si rese conto della insufficienza, della nascita delle grandi aziende, delle grandi imprese capitalistiche, e si dovette riformare la legge. Il capitalismo italiano è la FIAT. La FIAT adesso non è più quella di una volta, adesso è come la Volkswagen. Nel '42 chi scrisse il codice guardava al futuro (come l'attuale Marchionne), anche se l'artigianato e la piccola impresa era ben sviluppata e produttiva. La regolamentazione del lavoro veniva regolato sotto il grande ombrello dell'economia capitalistica: il lavoratore autonomo era il tabaccaio, farmacista, falegname, muratore.

Nel Codice Civile, retaggio portato fino ad oggi, c'è una regolamentazione del lavoro (subordinato - 2) sono nell'impresa (anche se ci vorrebbero altri due "capitoli": Lavoro 1, Lavoro 2 (quello che studiamo noi), e Lavoro 3, in quanto vi è lavoro autonomo, lavoro subordinato, lavoro professionale. In Italia è stata regolata solo la disciplina del Lavoro 2 (impresa e subordinazione).

Il Diritto Commerciale si occupa di tutti i rapporti d'impresa tranne il lavoro subordinato; il Diritto del Lavoro si occupa di ciò che non ci occupa il Commerciale (nelle relazioni d'impresa), e quindi sono accademicamente contrapposti. Nel Codice Civile la prima regolamentazione del 1942 si prevedeva ancora la ideologia corporativa: si diceva per definizione ontologica che lavoratore ed imprenditore hanno gli stessi interessi (esagerato). Nel codice quindi c'era questa definizione ontologica: interesse della nazione (ideologia fascista). Alla fine il fascismo però favorì solo l'imprenditore (produzione di guerra). Il legislatore fascista non fece altro che estendere a tutte le categorie la regolamentazione del lavoro privato (che era relativo ai soli impiegati). Il codice prende in considerazione questa regolamentazione (avanzata) aggiornandola ed estendendola a tutte le categorie. Il dirigente dirige l'impresa (ma è lavoratore subordinato: dirige per conto dell'imprenditore).

Le leggi di protezione del lavoratore subordinato non si applicano ai dirigenti in quanto fra imprenditore e dirigente dovrebbe intercorrere un rapporto personale fiduciario. Le norme del c.c. sono molto poche (dall'art. 2049 al 2134) regolando l'essenziale (nel libro V delle imprese e non nel libro IV dei contratti). La norma chiave del contratto di lavoro "non esiste", in quanto è sostituito dall'art. 2094 che definisce la subordinazione. Il lavoratore subordinato si obbliga nei confronti del datore accettando tutte le regole e non potendo disporre dei diritti indisponibili. Il contratto di lavoro ha una presunzione di onerosità, ed il lavoratore deve collaborare (lavorare in senso stretto) nei giusti termini (senza perdere tempo, senza ozio). La collaborazione è prestazione del proprio lavoro.

Questa collaborazione va alle dipendenze e sotto la coordinazione del datore di lavoro (o dirigente qualora vi fosse rappresentando il datore).

6.   La qualificazione della fattispecie

Quando in un contratto di lavoro non è bene individuabile in un categoria specifica, il giudice è tenuto a decidere se si tratta di un rapporto di lavoro subordinato o autonomo. Non si tratta di una questione puramente intellettuale, perché tutto ciò ha anche dei riscontri a livello pratico.

Il criterio da seguire è quello derivante dalla **norma-parametro dell'art. 2049 cod. civ.**, bisogna individuare cioè se la prestazione di lavoro è avvenuta in cambio di una retribuzione, sotto le direttive e la dipendenza del datore di lavoro. L'art.2049 descrive non un contratto, ma una fattispecie, quella di rapporto di lavoro subordinato, per l'appunto.

In questo ambito è opportuno tenere presente un meccanismo definito come **costituzionalizzazione del diritto del lavoro**: con questo termine si fa riferimento ad un processo di influenza dato dalla Cost. '48 circa gli elementi di protezione del lavoro subordinato già presenti nel Codice Civile. In realtà la Costituzione non ha un atteggiamento di mera tutela (atteggiamento c.d.

paternalistico) ma anche e soprattutto di **emancipazione**: i prestatori di lavoro possono auto-normarsi nei confronti dei datori di lavoro e aggiungere queste norme alla legislazione statale.

La nostra Costituzione è una costituzione c.d. **economica**, perché si occupa, più delle altre, di lavoro: il rapporto di lavoro è uno dei pochissimi **rapporti interprivati** di cui si occupa la Costituzione (ciò probabilmente dipese anche dal fatto che, come sappiamo, all'interno dell'Assemblea Costituente erano presenti il PC, PS e il PPC).

C'è una forte differenza di impostazione tra Cod. Civile e Costituzione. Nel Cod. Civile c'è una **visione organica dell'impresa**: datore e prestatore di lavoro hanno un unico interesse, la produzione d'impresa. La Costituzione invece tiene presente che il rapporto di lavoro subordinato è un **rapporto conflittuale** che può essere risolto mediante il dialogo.

Libertà di associazione sindacale, **di contrattazione collettiva**, **diritto di sciopero**, sono i mezzi con i quali la Costituzione vuole risolvere il conflitto sociale. La Costituzione non si disinteressa del lavoro introducendo una mera libertà di autoregolamentazione, non è neutrale, ma si schiera a favore del lavoratore, riconosce a quest'ultimo un diritto soggettivo alla organizzazione sindacale. Essa rappresenta, dunque, lo sviluppo dello stato sociale, che accanto ai diritti civili della persona, pone anche diritti sociali e collettivi. Si parla di **costituzione laburista**.

Art.1 Cost.: la Repubblica è fondata sul lavoro. Il lavoro viene considerato elemento valoriale generale e primario della economia statale. Ci si riferisce al lavoro, ovviamente, inteso come realizzazione, come esperienza della vita umana.

Art.4 Cost.: il lavoro è, non solo un'esperienza, ma anche un diritto sociale (il fatto che oggi il 25% dei giovani non trovi lavoro è in aperto contrasto con la nostra Costituzione). Il lavoro non è un privilegio, è un **diritto collettivo**. Ciò vuol dire che nessun individuo può adire un tribunale per richiedere l'assunzione in un posto di lavoro, in questo caso il destinatario della norma è la Repubblica stessa, che deve promuovere il lavoro e assicurare le condizioni di effettività di tale diritto. L'art.4 è un'indicazione rivolta a tutti gli organi statali e in particolare al legislatore ordinario.

Oggi il problema è tenuto in forte considerazione dall'UE che oggi fissa fra i suoi obiettivi l'incremento del tasso di attività degli Stati membri. Si tratta anche di una norma indirizzata al datore di lavoro che non può licenziare il prestatore in maniera arbitraria (art. 30. Carta di Nizza: è illegittimo il licenziamento arbitrario).

Questo fu un grosso problema degli anni '60, precedentemente al '66: molti lavoratori impugnarono dei licenziamenti dichiarati illegittimi in forza dell'art. 4 La Corte Costituzionale, con una sentenza-monito, affermò che l'art. 4 non avrebbe potuto essere utilizzato nei rapporti interprivati perché è una norma destinata allo Stato, ma chiese ugualmente un intervento del legislatore ordinario che si concretizzò nella legge 104/66.

Art. 35 Cost.: la Repubblica tutela il lavoro in tutte le sue forme e applicazioni. Va tutelato anche il lavoro degli imprenditori e non solo dei prestatori di lavoro. La nostra dunque non è una costituzione classista, ma è interclassista. Anche l'impresa va tutelata ex art. 2 Cost., in quanto formazione intermedia.

Art. 36 Cost.: Si tratta di una norma dedicata al solo rapporto subordinato. La retribuzione deve essere proporzionata al lavoro e sufficiente a garantire un'esistenza libera e dignitosa. Tale norma è collegata in modo molto stresso al principio di eguaglianza sostanziale posto al 2° comma dell'art. 3 Cost. Sancisce, inoltre, il diritto alle ferie annuali.

All'interno di questa norma c'è un insito principio di meritocrazia liberale: quando si lavora meglio si guadagna di più; deve, tuttavia, sussistere una base sufficiente ad una esistenza libera e dignitosa a per il lavoratore e per la sua famiglia.

Proprio in congruenza con questa norma è stato istituito il c.d. Reddito minimo garantito: nel caso in cui una famiglia percepisca meno di quanto sia sufficiente per evitare lo stato di indigenza, devono eventualmente sopperire a questa mancanza lo Sato o il Comune. Il salario minimo, invece, non è regolamentato, non c'è una legge a riguardo. Come si fa allora a stabilire che una data somma di denaro non sia sufficiente a una vita dignitosa? Si tratta di un criterio relativo, che dipende dalla struttura dei consumi. Una famiglia è povera se non può permettersi determinati beni considerati al giorno d'oggi quali essenziali.

Art. 37 Cost.: parità retributiva tra donne e uomini e tra lavoratori maggiorenni e minorenni. Vietata la discriminazione per sesso e per età.

Art. 39 e 40 Cost.: rapporti collettivi di lavoro (libertà sindacali, contrattazione collettiva, sciopero etc.)

Art. 46 Cost.: diritto dei lavoratori di partecipazione alla gestione delle imprese.

6. La Costituzione laburista

Il rapporto di lavoro, diversamente che dal rapporto tra privati, viene valorizzato (ed esclusivamente trattato) dalla Carta Costituzionale. La Costituzione non tratta di altre forme di lavoro se non quelle di lavoro subordinato. Vi è la considerazione del lavoratore come soggetto debole e quindi necessita una parificazione del lavoratore subordinato al datore di lavoro. Il lavoratore viene prima del cittadino per la tutela e la parificazione. La Costituzione, a differenza del Codice Civile, vede il lavoratore come soggetto a cui attribuire maggiore dignità e superiore valorizzazione e parificazione.

Nel Codice Penale Pre-Costituzionale era vietato il diritto di sciopero, ma nella Costituzione viene legalizzato. La Costituzione ha creato anche qualche attrito con la legge vigente al momento della sua entrata in vigore, p.es.: le norme del codice penale che prevedevano il reato di sciopero; ma nella Costituzione viene sancito il diritto costituzionale di sciopero. Le norme non sono state abrogate ma la Costituzione è più forte e quindi provale in quanto fondamentale, in quanto diritto vivente interpretato dalla Corte Costituzionale.

Un giurista italiano definisce l'Art. 3 una disposizione sincera in quanto formato da due commi, sancisce eguaglianza formale al primo, e uguaglianza sostanziale al secondo. Se fosse vero che tutti i cittadini siano uguali davanti alla legge non ci sarebbe bisogno del secondo comma. Effettivamente non esiste l'uguaglianza formale e quindi è necessario realizzare l'uguaglianza effettiva davanti alla legge. La tesi più accreditata è che il secondo comma rappresenti il fondamento della Stato sociale riconducendo la Repubblica alle proprie responsabilità, costituendo la copertura in legislazione sociale. La legge 300/70 costituisce attuazione degli strumenti che garantiscono l'effettiva partecipazione di tutti i lavoratori alla crescita del paese.

Il comma secondo dell'Art. 41 ha una funzione importantissima: viene evocato come articolo di tutela del datore di lavoro ma subisce anche questo un limite, quello dell'utilità sociale. Nella costituzione non guarda soltanto la tutela del soggetto debole ma ciò si unisce alla necessità del godimento dei diritti sociali, ed il limite dell'Art. 41 individua il limite rispetto alla libertà dell'autonomia privata. Le norme costituzionali rappresentano le stelle polari interpretative della Corte Costituzionali. La Corte Costituzionale rappresenta un soggetto importantissimo per ciò che è il diritto vivente: si occupa della costituzionalizzazione del Diritto del Lavoro.

La politica del diritto è la *ratio* del legislatore a partire dalla costituzionalizzazione avendo tratto il rapporto di Diritto Privato nella Costituzione (attribuendo valore costituzionale) in attuazione dei principi, ha determinato l'intervento del legislatore in un modo che è stato definito alluvionale. Non esiste un Codice del Lavoro organico: quello che c'è è una raccolta normativa. Si sono susseguite nel tempo delle diverse leggi disponendo su vari istituti senza una razionalità, e questa formazione alluvionale è espressione di due politiche del diritto: la prima vuole integrare la regolamentazione del Codice Civile con la previsione di una tutela minima per il lavoratore contraente debole, e la seconda considera il lavoratore come un soggetto parte dell'attività produttiva del paese e come soggetto necessitante una tutela adeguata. Esempi sono costituita dalla legge 230/62 che segna una scelta del legislatore ed una posizione in termini di garantismo rigido, cioè una scelta definita a favore della previsione molto rigida della tutela del lavoratore.

Il garantismo rigido non esiste nella regolamentazione attuale, e la legge 230/62 è l'esempio tipico del garantismo rigido in quanto prevedeva che il contratto non favorevole doveva essere perfezionato come eccezione rigida alla regola standard. Partendo dal garantismo rigido si è giunti al garantismo flessibile controllato e poi alla flessibilità come strumento "panacea di tutti i mali". La flessibilità è intesa da un male: la flessibilità era un male assoluto da fuggire, poi si considerò come un male necessario, ed alla fine come un medicinale a tutti i mali. Un altro esempio di garantismo rigido è quella legge che vietava l'intermediazione nel contratto di lavoro: "il caporalato" (forma di intermediazione tra domanda ed offerta di lavoro), vietato rigidamente dalla legge. Adesso non esiste più il divieto di intermediazione di mano d'opera, e non esiste più neanche il monopolio pubblico del collocamento.

La legge 604/66 riguarda il principio di casualità del recesso del datore di lavoro qualora fosse giustificato. Secondo il codice del 1865 l'ideologia prevedeva che il contratto fosse formato da due parti uguali, quando invece adesso si ritiene che il lavoratore è soggetto debole da tutelare. Nel contratto di compravendita compratore e venditore sono in assoluta parità, ma nel contratto di lavoro il lavoratore è costituzionalmente e molto più ampiamente tutelato in quanto considerevolmente debole. La legge che prevede che il licenziamento debba essere giustificato non solo tende alla considerazione maggiore per il lavoratore, ma un controllo per il datore: per il datore il contratto è un avere; per il lavoratore è un essere.

Si fanno strada negli anni '80 nuove tendenze di flessibilità necessarie, e cambia l'identità del Diritto del Lavoro tradizionale legata alla trasformazione degli elementi capisaldi di riferimento della regolamentazione: lo Stato-Nazione. Lo Stato è inteso come soggetto che regola tutti rapporti e viene meno in termini di attribuzione progressiva delle proprie prerogative ad un soggetto diverso da sé (come l'Unione Europea). Non c'è più uno Stato-Nazione che regola i rapporti di lavoro all'interno del proprio territorio ma c'è uno Stato che cede le proprie prerogative a soggetti esterni (come l'Unione Europea). Si parla di comunitarizzazione del Diritto del Lavoro: moltissimi istituti del Diritto del Lavoro sono comunitarizzati: la regolamentazione viene dall'Unione Europea. Il rapporto di lavoro a tempo determinato, *part-time*, mediante agenzia, orario di lavoro, etc. sono tutti comunitarizzati e la legislazione nazionale è fortemente influenzata dall'azione dell'Unione Europea. La grande fabbrica tayloristica cambia, il Diritto del Lavoro cambia, perché cambia il soggetto e l'oggetto. Cambia l'assunto della piena occupazione in quanto rappresentava la grande promessa delle nazioni democratiche: ciascun cittadino ha diritto a scegliere la propria occupazione. Ciascuno ha diritto al lavoro e questo assunto è progressivamente eroso dalle grande modificazione del mercato, dalle crisi internazionali, etc. Anche questo è un elemento fondamentale con il quale fare i conti. Viene meno anche il sindacalismo perché si fa strada la concertazione politica (v. la marcia dei 40.000 del 1980 che è stata un elemento fondamentale che ha determinato il superamento di fatto di un certo tipo di sindacalismo).

A partire dagli anni '80 vengono meno punti fondamentali del diritto come legislazione volta a garantire la tutela rigida del contraente debole mediante la norma inderogabile: rottura e trasformazione dello scenario entro cui si scrive ed opera il Diritto del Lavoro. Il legislatore ad un certo punto comincia a ritenere che una certa dose di flessibilità è necessaria per far fronte a questi mutamenti economici, occupazionali, etc. e si passa alla possibilità di regolamentare in maniera flessibile anche se il legislatore è molto cauto nella introiezione della flessibilità.

L'art. 23 della legge 56/57 inserisce di una dose di flessibilità con un attribuzione di potere ai sindacati di regolare nuove disposizioni per stipulare un contratto a tempo determinato. In questa fase si allenta la regolamentazione rigida e si corregge e si aiuta garantendo la flessibilità alle imprese nella gestione del personale con flessibilità interna ed esterna con tipi di assunzioni diverse da quelle del contratto di lavoro standard. Questa è però ancora una flessibilità controllata controllando l'ingresso delle dosi di flessibilità nel contratto di lavoro: si attribuisce ai sindacati un ulteriore serie di poteri controllata per poter stipulare contratti collettivi maggiormente permissivi e quindi flessibili (controllatamente). Il garantismo rigido viene ammorbidito dalla flessibilità controllata.

Nel rapporto di lavoro somministrato la gestione di mano d'opera è trilaterale che succede al lavoro interinale: utilizzatore, somministratore e lavoratore. Il somministrato non viene computato nell'organico dell'utilizzatore e non si raggiungono in numeri per l'applicazione di moltissime leggi. La flessibilità ha vari connotati.

7.   Flessibilità del rapporto di lavoro

Negli anni '80 avviene un cambiamento che sintetizza il diritto del Lavoro rendendolo diverso da ciò che era nel passato. I principi costituiscono delle direttive molto generali per i valori che possono essere messi in discussione da politiche diverse. Alcuni possono pensare che il Diritto del Lavoro si tutela aumentando taluni diritti; altri pensano che solo sottraendo diritti si mantengono le tutele. Negli anni '80 il Diritto del Lavoro Italiano era composto da leggi sovrapposte, accumulate ed accavallate. Il Diritto del

Lavoro si sviluppò "alluvionalmente", in quanto nasce la globalizzazione e la crescita esponenziale delle tecnologie informatiche. E' stato necessario mettere in discussione il Diritto del Lavoro: se prima si cercava la inderogabilità, adesso si cerca la flessibilità.

Il Diritto del Lavoro presuppone la grande impresa e fa riferimento ad un dato diffuso: il modello empirico del diritto del lavoro era l'operaio–massa della grande industria. Per lungo tempo la forza del Diritto del Lavoro è stato tale modello che però negli anni '80 è cambiato vertiginosamente: delocalizzazione, decentramento, frammentazione, etc. Le cose cambiavano ma la legge restava la stessa. Dieci lavoratori di cinquanta anni fa (uomini, donne, bambini) lavoravano allo stesso modo; dieci lavoratori di oggi (uomini, donne, bambini) lavorano tutti in modo distinto: ciclo unico, *part-time*, *week-end*, notturno, etc.

Occorre distinguere tra flessibilità che riguarda il rapporto di lavoro interno all'impresa: il mercato chiede picchi di produzione in taluni periodi dell'anno; non esiste però una disposizione di diritto che permetta l'assunzione di operai a stagione (non potendo modificare unilateralmente il contratto e licenziare liberamente). Le grandi ristrutturazioni delle grandi imprese negli anni '80 hanno comportato licenziamenti di massa (anche se il diritto del lavoro impedisce un'operazione tale), ed il diritto del lavoro si è dovuto adeguare. Non si possono operare assunzioni e licenziamenti continui in quanto è economicamente impossibile, quindi il Diritto del Lavoro ha lo scopo di mantenere la flessibilità senza ricorrere a licenziamenti: contratti a tempo determinato. Con il contratto a tempo non esiste licenziamento: scade semplicemente il contratto.

La precarietà non si crea per cattiveria: ci sono esigenze necessarie occorrenti di organizzare così il lavoro. Quando c'è crisi non si rinnova il contratto a tempo determinato. Il contratto a termine era vietato tranne il alcune ipotesi legislativamente fissate. Negli anni '80 anziché abrogare il contratto a termine è stato "performato" e "ristipulato" con il consenso del sindacato (il quale in verità difendeva la rigidità). Si sceglie il modello della flessibilità attraversi rinvii alla contrattazione collettiva: e come se il legislatore dicesse di non assumersi la responsabilità di tutele rigide inderogabili dando alle parti sociali il potere legislativo per porre volta per volta le deroghe che renderanno utili. Il legislatore stesso dà una forza tale di derogare alla legge e quindi il contratto collettivo è come se regolasse il rapporto in vece della legge, in quanto la deroga.

Attraverso l'utilizzo diffuso del contratto collettivo vi è una delega dal legislatore alle parti sociali. Negli '80 e '90 ci sono state norme che recepiscono in materia di contratto a termine ed interinale. Con la *deregulation* è stata in Inghilterra creata l'agenzia non regolata, ma in Italia le agenzie sono state regolate da concessioni e da sindacati (una strada "riregolata" attraverso il coinvolgimento delle parti sociali attraverso il contratto collettivo in deroga autorizzato dalla legge). Quando un soggetto privato riceve questa facoltà di derogare alla legge deve essere un sindacato fortemente istituzionalizzato, che sia fortemente credibile politicamente, maggiormente rappresentativo. Si fa riferimento attraverso regole di maggioranza al sindacato più forte per la delegazione della potestà normativa (derogante).

Un giovane viene assunto con un contratto di lavoro atipico, o a tempo determinato, o a periodo di prova, o co.co.co. La fisionomia del diritto del lavoro attuale è differente da quella del passato. Non si applicano gli istituti (al contratto flessibile) quello applicati al contratto standard per quanto riguarda l'arbitrato del lavoro. E' chiaro che un altro cambiamento molto importante è il fatto che il Diritto del Lavoro di fronte all'incremento del tasso di disoccupazione deve occuparsi anche del diritto all'occupazione; è necessario che il diritto regoli il rapporto tra domanda ed offerta (attività operata in tutto il mondo). I sistemi del diritto del lavoro devono riformarsi e tutelare non solo il "lavoro" (in senso stretto) ma anche la domanda di lavoro.

Raggiungere certi livelli di occupazione influisce sulla legislazione del lavoro, e sul livello della Nazione all'interno del panorama internazionale. La realtà del mercato del lavoro è quella che lo statuto è applicato a solo la metà dei lavoratori.

8.   La Subordinazione

Il Diritto del Lavoro ha una dimensione fortemente empirica. L'analisi del contratto di compravendita prevede un'operazione alla quale si sa cosa ci si riferisce, ma quando si parla di subordinazione si è di fronte ad un concetto che rinvia ad una realtà del lavoro che si modifica continuamente e si tratta di un concetto molto più complesso in quanto non immediatamente individuabile.

Il lavoratore autonomo è colui che si organizza e lavora da sé, e che utilizza solo in minima parte il lavoro altrui: lavora con la sola propria energia. Ma se il lavoratore autonomo utilizza mezzi, capitali e lavoratori subordinati si trasforma in Imprenditore. La quota del mercato del lavoro essendo ancora prevalente tende a ridursi e chiaramente questa storica prevalenza nella società del diritto subordinato ha fatto sì che il

Diritto del Lavoro coincidesse con il Diritto del Lavoro Subordinato.

Sono state poste le premesse per un intervento regolatorio in cui al di là della distinzione codicistica che si riduce a poche norme (circa 80 articoli) in cui per la prima volta in Italia si regolava il rapporto di lavoro. La realtà è così complessa che bisogna regolare la distinzione tra lavoro autonomo, imprenditoriale e subordinato. Sono stati creati quaranta schemi lavorativi diversi: storicamente c'è il lavoro subordinato, il lavoro autonomo, ed a seguito della legge Biagi sono state create serie ulteriori di fattispecie che rendono la possibilità di erogare nuove forme di lavoro diversificate.

E' una questione ancora aperta se queste introduzioni siano astratte o concrete: positive o naturali. Bisogna capire come funziona la fattispecie subordinazione. In Italia non si regola il contratto ma si regola la fattispecie e su quella fattispecie si costruisce il contratto. Esiste solo una fattispecie di lavoro subordinato che consiste nell'Art. 2094 del Codice Civile. E' così importante capire come funziona la subordinazione in quanto: chi identifica la subordinazione? Perché esiste? Cosa e come si identifica? A queste domande è il giudice che risponde, il giudice del lavoro.

E' importante identificare la fattispecie sociale tipica di lavoro subordinato riconducendo allo schema dell'art. 2094 perché bisogna applicare una serie di istituti e regimi scritti dal legislatore solo per il lavoratore subordinato. Il rapporto di pubblico impiego è rapporto di lavoro subordinato ma con una disciplina speciale. Soltanto i lavoratori subordinati hanno un sistema di riposo e ferie obbligatorie. Per il lavoratore autonomo le ferie non si identificano con una sospensione obbligatoria, ma volontaria. Il regime delle ferie è un regime obbligatorio ed irrinunciabile stabilito dalla legge assieme al riposo giornaliero e settimanale e ciò è un'organizzazione tipica del rapporto di lavoro subordinato.

La sospensione dei rapporti di lavoro si identifica nel rapporto di lavoro subordinato. Il lavoratore autonomo decide autonomamente quando riposarsi e quanto tenere operante l'attività. Ma il rapporto di lavoro subordinato non può eccedere l'orario massimo (quaranta ore settimanali). Vi è soprattutto la tutela della professionalità nel rapporto di lavoro subordinato: se si viene assunti per un titolo di studio è vietato dalla legge adibire il lavoratore a mansioni minori. Vi sono garanzie retributive che prevedono da contratto collettivo che lo stipendio è garantito e non può essere inferiore di una certa somma. Il lavoratore subordinato non può essere licenziato senza giustificato motivo, e ciò è una legge comunitaria.

Vi è una tutela di natura previdenziale ed assicurativa ed il TFR: automatica imputazione degli effetti giuridici alla fattispecie. Il rapporto di lavoro subordinato costa di più del lavoro subordinato. La legislazione del lavoro si applica a tutti i rapporti di lavoro attraverso un'operazione che è una qualificazione giuridica della fattispecie a cascata. Tale fattispecie non è discretiva: l'applicazione ai rapporti di lavoro è di tutti gli effetti; non è selettiva, non può trovare applicazione differenziata. Se si è di fronte ad una fattispecie di lavoro subordinato differente la legislazione si applica comunque senza poter derogare alle disposizioni, ma questo sistema così rigido finisce per produrre alcuni problemi sociali: diversi generi di lavoratori figurano con lo stesso reddito ma se co.co.co. non si gode di ferie e risposo come il lavoratore dipendente.

Quindi non si applica il diritto del lavoro coi "privilegi" in taluni rapporti in cui è non è ufficiale la subordinazione: è un risultato che non lascia scampo alla diversità. Sarebbe più giusti diversificare le tutele sulla base del vincolo di subordinazione ma il nostro sistema non ha fatto questa scelta. Il nostro sistema è dicotomico: o si applicano tutte le tutte le tutele a tutti, o nessuna a nessuno.

La subordinazione si identifica mediante l'art 2094 ma tale articolo non ha forza selettiva: non è sufficiente per la identificazione.

Malgrado questo schema possa essere di facile percezione è tutto il contrario: collaborare non ha potenza discretiva, e la subordinazione sì, ma ciò non risolve il problema della pratica in quanto l'art. 2094 non risolve tutti i problemi: se la norma fosse stata chiara in funzione dirimente dei possibili conflitti d'interpretazione sarebbe stato positivo, ma esistono sempre più casi di ambiguità, e difficoltà di qualificazione e si mostrano le insufficienze del 2094. La decodificazione dell'art. 2094 è stata fatta dalla dottrina e dalla giurisprudenza. Il lavoro subordinato si deve leggere assieme al lavoro autonomo: non esistono vie intermedie ma si stanno sforzando per crearlo. L'artt. 2222 e ss. dicono che è lavoratore autonomo chi si obbliga verso un corrispettivo (e non retribuzione) a compiere un'opera od un servizio senza vincolo di subordinazione e con proprie forze. Non si svolge in vincolo di subordinazione

9.   Le tipologie della subordinazione e dell'applicazione delle tutele

Bisogna comprendere se un rapporto di lavoro si identifichi con lavoro autonomo o lavoro subordinato: ci sono diversità di approcci soprattutto riferiti all'art. 1094 che è la norma base. Pur sembrando una norma prevalentemente chiara una volta misurata nella pratica applicando questo meccanismo ci si rende conto che il 2094 essendo molto generale non riesce a filtrare bene, non riesce a dare risposte esaustive. Nel nostro sistema giuridico normativo si distingue quindi tra lavoro autonomo e lavoro subordinato: entrambi sono fondati su un contratto, ma il lavoro autonomo prevede una omodirezione, senza etero direzione con lavoro prevalentemente proprio. Esiste però il lavoro gratuito (*benevolentiae vel affectionis causa*) che ha le proprie radici nella riconoscenza, volontariato, carità, solidarietà. Le Onlus prevedono un regime di compensazione e rimborso spese che comunque è un lavoro (non totalmente) gratuito. Il principio del nostro ordinamento è che il lavoro è oneroso e solo in casi eccezionali si può percepire il lavoro gratuito.

Vi è poi il lavoro in forma associativa con schemi contrattuali che prevedono cooperazioni (cooperativa) ma anche subordinazioni, in quanto il socio è al contempo "imprenditore" ma anche lavoratore "subordinato".

Alcuni sostengono che vi sono nuove forme di lavoro quali il semi-indipendente, ed il parasubordinato che non sta né all'interno dell'autonomia, né all'interno della subordinazione. Ma si ritiene più pragmaticamente che consistono in una tipologia di lavoro autonomo classico che per la specificità hanno meritato una disciplina separata (tertium genus).

La dottrina l'ha presa alla larga ed è un problema posto sin dall'origine del Diritto del Lavoro: è stato sostenuto che il contratto di lavoro è solo una riproposizione di vecchie categorie risalenti al Diritto Romano, quindi basta attingere al diritto risalente per poter trovare tutti gli stampi concettuali per spiegare fenomeni attuali. E' semplice distinguere il lavoro subordinato dal lavoro autonomo. In caso di lavoro subordinato siamo in mera disposizione del datore di lavoro a prescindere di quale sia il risultato: bisogna comprendere la modalità del lavoro in questa caso è il mezzo e non il fine (la remunerazione c'è comunque) in quanto *locatio operarum*.

Se si lavora invece per ottenere un risultato scambiandolo con la mercede allora si è di fronte ad un rapporto di lavoro autonomo. Se il lavoro è fine a se stesso con la mera erogazione senza importanza al risultato siamo di fronte al lavoro subordinato; se invece il lavoro è concentrato sull'obbiettivo allora siamo di fronte al lavoro autonomo. La tesi più moderna è quella della nozione tecnico funzionale, ma quella che importa è l'attività di collaborazione come prestazione contrattuale che viene scambiata con una mercede. Se si è di fronte a questa organizzazione tecnica funzionale siamo di fronte ad una subordinazione quando non si guarda il datore ed il fine: ci deve essere una collaborazione etero diretta mentre il datore eroga una retribuzione di fronte ad una mercede diligente.

La terza nozione dottrinale dice che se da un lato vi è un potere che raccoglie frutti di un'attività lavorativa, e dall'altra vi è una situazione di lavoro per vivere a prescindere di quello che è il livello contrattuale, si è di fronte ad uno squilibrio e quindi doppia alienazione: non si ha alcuna capacità d'intervento nell'organizzazione e nessun accumulo di capitale.

La *locatio operis* e la *locatio operarum* rinviano alla obbligazione di mezzi ed alla obbligazione di risultato, e vi è la diversa ripartizione dei rischi come dato essenziale della distinzione.

Col tempo vi è stata una critica della impostazione tradizionale: l'oggetto della prestazione può essere identico; come non è vero che nella *locatio operarum* il risultato è sempre indifferente così nella *locatio operis* il risultato non è sempre "dovuto"; la ripartizione dei rischi non è un elemento costitutivo della fattispecie.

I comuni possono affidare l'elaborazione di un progetto all'ufficio tecnico oppure ad un consulenze esterno, con selezione, etc. facendogli fare il progetto (l'attività è identica); il tipo di attività non ci permette di distinguere il tipo di rapporto. Se l'azienda riceve un certo fatturato, il lavoratore riceve una quota superiore. Il fatturato è collegato ad elementi assolutamente indipendenti.

Con la riforma Bersani è stata introdotta la possibilità ce l'avvocato partecipi in qualche misura ai proventi della causa e quindi è legittimo il patto di quota libera (oggi in misura parziale cliente ed avvocato si possano mettere d'accordo sul risultato della lite). La ripartizione dei rischi non è una fattispecie *ex ante* ma *ex post*.

La nozione tecnica funzionale prevede che se c'è una subordinazione allora si applica l'Art. 2094, ed è fondata sulla valorizzazione dell'elemento della eterodeterminazione: nei rapporti privati normali il potere di sanzionamento non aspetta mai al privato. Il potere di dare multe spetta solo all'autorità pubblica, quindi l'emanazione di sanzionamenti avviene in presenza di una sovrordinazione: nei rapporti privati non esistono di questi sanzionamenti.

L'estrinsecazione avviene mediante tre tipologie di potere: **Potere di conformazione, Potere di controllo e Potere disciplinare.**

I co.co.co, i lavoratori a somministrazione, etc. non sono lavoratori subordinati, ma vi è comunque l'eterodeterminazione: il co.co.co. subisce alcune regole dell'organizzazione in cui si inserisce e si cerca di fare in quattro ore al giorno. Il lavoratore somministrato viene mandato presso una impresa utilizzatrice che non è datore di lavoro non si può eludere l'etero-determinazione (credendo di essere dipendenti alla sola agenzia somministratrice). L'appaltante che utilizza i lavoratori somministrati non ha alcun potere su di loro in quanto su egli decide l'appaltatore. Vi sono situazioni in cui sicuramente vi è subordinazione ma non vi è eterodeterminazione né sanzionamento disciplinare. Il dirigente è sicuramente un lavoratore subordinato all'imprenditore.

I critici ritengono che si ha subordinazione al di là di come si lavora qualora vi sia la doppia alienità, la presenza di soggetto forte e soggetto debole (chi ha il potere e chi lo subisce). La disciplina protettiva del Diritto del Lavoro si dovrebbe applicare solo ai soggetti socialmente ed economicamente deboli. Quando è socialmente doveroso tutelare il lavoratore si applica automaticamente il diritto del lavoro. Se il lavoratore subordinato è soggetto forte non si applicano le tutele del Diritto del Lavoro; se il lavoratore somministrato, o co.co.co. o altro è debole allora si applicano le tutele del Diritto del Lavoro; e nel nostro ordinamento giuridico il giudizio sulla presenza di requisiti viene data dal giudice solo in casi tipici sulla base di equità in quanto non esiste altro metro di valutazione (attualmente esistente): solo l'equità può definire la sussistenza della necessità delle tutele (in caso di assenza di subordinazione) o meno (in caso di presenza di subordinazione).

Oggi ci sono figure contrattualmente fortissime sebbene subordinati: programmatori di computer (che sono comunque economicamente forti), etc. Nei confronti di questi si applica il diritto del lavoro? L'ordinamento entra in crisi.

10.   Operazione di riconduzione alla fattispecie

Il giudice non può rifiutarsi di dare una risposta nei casi dubbi. Anche se la dottrina può restare in momento di incertezza, i giudici devono comunque dare delle risposte e gli strumenti sono stati quelli utilizzati pragmaticamente e non teorici come quelli della dottrina. Il legislatore ha individuato le commissioni di giustificazione per identificare i punti di incertezza. L'operazione di certificazione è adottato con metodo casistico molto pragmatico, e la giurisprudenza parte da una costituzione di fatto molto nota: ogni attività umana può essere ricondotta a lavoro subordinato o al lavoro autonomo. Sia il lavoro manuale che il lavoro intellettuale possono svolgersi nelle forme di autonomo e subordinato.

Viene riprodotto il metodo sussuntivo: l'Art. 2094 è considerato una sorta di stampo rigido di forma all'interno del quale si riconduce la fattispecie concreta: viene considerato come un rigido contenitore inelastico e l'attività del giudice è quella di paragonare i diversi tipi di lavoro per farli ricondurre alle fattispecie dell'Art. 2094. Se per qualche ragione la fattispecie concreta non rientra nell'Art. 2094 allora non si ritiene che questa operazione possa ricondurre a termini di subordinazione.

I giudici applicano il metodo tipologico: poiché qualsiasi fattispecie concreta potrebbe non rientrare nel modello astratto, è inutile cercare questa identificazione assoluta tra la fattispecie del legislatore e la situazione concreta: bisogna avvicinarsi per approssimazione. Gli indicatori pragmatici potrebbero allora dare risultati pertinenti, ma se il processo non è stato abbastanza qualificante e selettivo allora chiaramente si è di fronte ad una fattispecie diversa di lavoro autonomo. Bisogna guardare alla fattispecie in concreto per vedere se si avvicina alla fattispecie dell'Art. 2094 e a quei criteri che la giurisprudenza si è data nel corso del tempo.

La fattispecie sussuntiva astratta è definita a priori, invece la fattispecie concreta prevede una piena identità tra i lembi della fattispecie astratta ed i lembi della fattispecie concreta. Spetterà al giudice decidere se la fattispecie abbia più indici di subordinazione od autonomia. La fattispecie concreta può essere solo approssimata alla fattispecie astratta ed il giudice è il *dominus* dell'operazione d'approssimazione, ma sempre motivata. Il giudice deve razionalmente motivare la sentenza, ed i giudici in questi casi vanno molto sul fatto che sul diritto (*de facto/de iure*).

Dall'Art. 2094 viene fuori che la maggiore evidenza della sanzione manifesta evidentemente la presenza di subordinazione. Non c'è una linea netta tra subordinazione ed autonomia. C'è comunque un certo *quantum* di eterodeterminazione nel lavoro autonomo (si pensi al co.co.co.), che il giudice deve comprendere attraverso l'istruttoria della causa, le prove testimoniali, etc. Attraverso talune sentenze si potrebbero dedurre che alcuni giudici ritengono che quanto c'è un controllo man mano che il lavoro è svolto è contestuale, allora si ha subordinazione. Il telelavoro non ha un controllo contestuale (anche se c'è un controllo indiretto). La Cassazione dice che c'è sicuramente ricorrenza della subordinazione quando il datore ha il potere di precisare l'effettivo contenuto della prestazione lavorativa.

E' evidente che questa intensità è variabile: il controllo contestuale può essere più o meno diretto ed intenso. Tanto più sale il livello professionale ed intellettuale del prestatore, tanto meno può essere riscontrato un controllo dal datore di lavoro. Il potere direttivo e disciplinare si sta organizzando in materia tale che il criterio soggettivo non ci dice tutto sempre e comunque, il potere direttivo potrebbe essere (o apparire) attenuato, ma si stia sempre all'interno del lavoro subordinato. Quando il potere di controllo non si esplica in materia chiara e decisiva, il giudice interviene con la identificazioni tra indici primari ed indici secondari. Prima di analizzare quali sono gli integratori, la qualificazione che le parti hanno dato al contratto ha valore nell'interesse del giudice sulla base di parametri e principi giuridici.

La sostanza del rapporto prevale sulla volontà genetica e la forma del contratto stesso: lo dice una sentenza. Il comportamento effettivo prevale sulla forma giuridica indipendentemente dal *nomen iuris*. Tutti gli sforzi di qualificazione vanno in fumo di fronte alla situazione *de facto*. Il *nomen iuris* potrebbe avere un certo significato ma non è sufficiente: viene dati rilievo attraverso l'interpretazione del contratto sulla base del comportamento successivo alla perfezione del contratto. Soltanto mediante queste interpretazioni del comportamento successivo si può identificare il contratto. Questa operazione la si giustifica all'interno della teoria del contratto ma ha come fine la giurisdizione del contratto avvallando numerose elusioni delle norme di legge. Come se si desse la benedizione alla elusione del contratto stesso.

Il legislatore tende a sottrarre ai giudici questo potere di identificazione e attribuirlo alle commissioni: questa attività elusiva è bloccata da un muro costruito dai giudici. Gli altri indici giurisprudenziali oltre all'assoggettamento, all'eterodeterminazione, al potere disciplinare, etc., mostrano pure il vincolo d'orario: l'autodeterminazione e la morbidezza degli orari mostrano autonomia del rapporto. Ma vi sono molti altri indici: imputazione del rischio, retribuzione, ed altro. Quindi bisogna parlare di gerarchia tra indici qualora vi siano indici per l'autonomia, e la subordinazione: l'eterodeterminazione è l'indice principale (il giudice potrebbe sentenziare già sulla base di questo); quando c'è incertezza su questo allora intervengono gli altri indici.

11.   La Certificazione del tipo di rapporto

Quando le imprese si resero conto che il servizio postale non era efficiente si faceva uso dei Pony Express in alternativa dei servizi postali ordinari. Chiaramente adesso se ne vedono in giro di meno poiché vi è stata la riduzione di questa figura. Alcuni di questi ragazzi fece causa alle proprie agenzie per ottenere la qualifica di lavoratore subordinato. Il giudice ha ritenuto che sebbene vi era l'utilizzo del mezzo proprio, il pony express era lavoratore subordinato: c'era un livello di controllo tale da indurre il pretore di Milano a riconoscere la categoria di lavoratore subordinato. La prestazione era in qualche modo obbligata (impossibilità di rifiutare).

Un altro giudice ha invece qualificato il rapporto in modo totalmente diverso: poiché la prestazione è discontinua, il mezzo utilizzato è privato, possibilità di rifiuto della prestazione, quindi non vi è subordinazione. Dal sistema come descritto viene fuori che una prestazione che possegga tutti i connotati della subordinazione, la si può qualificare in modo diverso: non ci può essere nessun altro differente dalla giurisprudenza a qualificare un rapporto in maniera diversa. La Cort. Cost. (1994) ha detto: neanche il legislatore può qualificare una prestazione che in natura si svolga in modo subordinato, non subordinato, in quanto si sottrarrebbe la tutela a chi la tutela se l'è guadagnata sul campo. Non è consentito al legislatore negare la qualificazione giuridica di lavoro subordinato a quei rapporti che mostrano tale natura. Se oggettivamente una prestazione di lavoro si svolge nelle forme del lavoro subordinato non può intervenire il legislatore a porre una diversa qualificazione, né imporlo al giudice.

Questo tipo di legge è incostituzionale qualora qualifichi non subordinato un rapporto *de facto* subordinato: né il giudice può giudicare in modo diverso un rapporto che ha i connotati della subordinazione. Il lavoro subordinato ci sarà sempre e fin quando ci sarà una prestazione di lavoro che si svolge nelle forme della subordinazione a questa è collegata una tutela inderogabile, nessun legislatore può cambiare le carte in tavola. E' una sentenza che è importante per il passato ma che vincola per il futuro: il legislatore non può affidare ad una autorità amministrativa la potestà di qualificare, o vincolare il giudice a ritenere non subordinato un rapporto subordinato (anche se le parti hanno dato un *nomen iuris* differente: conta la prestazione di fatto).

Qualificare il rapporto subordinato, non subordinato, significa pregiudicare la tutela del lavoratore. La possibilità di disporre del canone è per la Corte violare la legge e finirebbe per fissare autoritativamente una situazione che di fatto non è. Nel Diritto del Lavoro le parti non possono utilizzare il sistema del Diritto dei Contratti: non si può liberamente decidere il tipo contrattuale: se il lavoro si svolge in un certo modo, il tipo contrattuale è quello e nessun altro.

Per la procedura di certificazione è il giudice a decidere sulla volontà delle parti. Al fine di ridurre il contenzioso in materia di lavoro le parti possono ottenere la certificazione dei contratti in cui sia dedotta, direttamente o indirettamente, una prestazione di lavoro secondo la procedura volontaria stabilita nel presente Titolo. La certificazione è di natura amministrativa ed avviene mediante commissione amministrative (pubbliche), ed è una valutazione quella che viene fatta: controlla il contratto delle parti, cosa c'è scritto; se invece le parti vogliono specificare devono scrivere molto di più. La commissione guarda il contratto e lo certifica come di natura subordinata o di natura diversa.

Quest'atto di certificazione, che vincolava le parti ed il giudice, comporta una disponibilità del tipo alla autorità amministrativa, ma la legge del 2003 dice che questi effetti permangono presso i terzi fino a quando sia stato accolto con sentenza di merito uno dei ricorsi giurisprudenziali esperibili ai sensi dell'Art. 80 (art.79). Soltanto si può agire in giudizio quando vi è un dolo evidente della commissione per evitare la patente infrazione dell'Art. 24 della Costituzione. Se nessuno fa ricorso la certificazione produce effetti, e fino a quando non viene emanata una sentenza in contrario la certificazione ancora vale. Nei confronti dell'atto di certificazione le parti possono presentare ricorso di fronte al giudice del lavoro per erroneità del contratto o altro, impugnando anche per vizi del consenso.

Può avvenire che la certificazione sia corretta ma il rapporto si sia svolto in maniera diversa dal *nomen iuris*. Per salvare dall'incostituzionalità la norma riconosce tutti casi che alla fine il giudice decide, e quindi la nuova legge non serve a nulla. Possono ricorrere le parti del contratto, l'INPS. Il giudice competente è quello previsto dall'Art. 413 C.P.C.

Quando c'è un eccesso di potere della commissione si potrebbe anche prefigurare un ricorso al T.A.R. (ma non ci sono stati casi). Nel caso in cui ci sia stato un errore di qualificazione, la sentenza comunque opera *ex tunc*. In caso di difformità del caso negoziale vi è decorrenza degli effetti dall'inizio della difformità. Un rapporto di lavoro prossimo alla subordinazione è argomento paritario a quella della subordinazione stessa in quanto sorgente sulla linea di confine tra ciò che è subordinato e ciò che non lo è. Il Diritto del Lavoro subordinato ora si occupa anche dei rapporti di lavoro parasubordinato, semidipendente, e di qualche principio generale (cerchio concentrico che va al di fuori della subordinazione ma non se ne distacca) del lavoro autonomo.

Se si lasciano totalmente libere le imprese di creare rapporti in forma di autonomia, finisce che faccia concorrenza sleale a quelle imprese che non riescono a creare di questi rapporti. Se il lavoro semidipendente non è regolato per nulla il trasferimento di masse significative di lavoratori al di fuori dell'impresa non è ostacolato e può ritorcersi contro le stesse ragioni di efficienza del mercato. Un mercato del lavoro regolato funziona meglio di un mercato del lavoro non regolato.

Il Diritto del Lavoro Subordinato non si occupa del lavoro autonomo, ma di tutto quello che sta in mezzo fra i due (area grigia): va regolata? Va ricondotta sotto all'ala del Diritto del Lavoro Subordinato) bisogna lasciarla libera?

Questa zona grigia ha preso il nome di co.co.co. e co.co.pro. e regolato da due diverse disposizioni: le prestazioni coordinate e continuative a progetto introdotte nel nostro ordinamento dalla legge Biagi. Non sono alternativi al lavoro autonomo; queste categorie intermedie sono modalità (di autonomo o subordinato) ma non tipi indipendenti. Non si tratta di un terzo tipo, ma sfumature di uno di quei tipi.

12.   CO.CO.CO. & CO.CO.PRO.

Il problema di regolamentare in qualche modo queste fattispecie del lavoro altrui è di tutela del lavoro alle dipendenze di un altro. E ciò è chiaro nelle figure che si collocano in maniera esterna attraverso questi moduli che si avvicinano al lavoro subordinato ma che non si avvicinano fino in fondo. Strategie di tutela possono essere ti tipo legislativo o di tipo giudiziaria. Ci sono modalità di rapporti vari: la collaborazione coordinata e continuativa può essere operata da un co.co.co.

Il lavoro parasubordinato è conosciuto anche all'estero ma questo termine è stato inventato nell'ordinamento italiano. In Italia una sorta di ingresso giuridico del lavoro parasubordinato si ha nel 1973 a seguito dello Statuto dei Lavoratori. Il Diritto del Lavoro ha una giurisdizione specializzata con un processo separato: il rito deve essere a tutela differenziata a parti tipiche. Il processo si ispira al principio della gratuità: non si pagano tasse ed imposte per avere accesso gratuito alla giustizia. Ma le cause del lavoro possono durare anche anni. Nel 1973 si individuarono i lavoratori coordinati e continuativi che potessero essere affiancati ai lavori subordinati nell'utilizzare il processo del lavoro. Indirettamente attraverso una norma processuale si inserì nell'ordinamento giuridico una figura sostanziale, quella del lavoratore coordinato e continuativo. Così si estendeva a questi lavoratori la garanzia processuale che si riteneva più consona in una situazione di debolezza economica.

Nel 2003 si è ispirato un processo ad una logica di talune tutele anche a questa categoria di lavoratori, ma nelle pieghe dell'intervento si è voluta creare una categoria più selettiva. La vecchia parasubordinazione è quella (co.co.co.) dell'Art. 409 del codice di procedura civile, e la nuova è quella del co.co.pro.

L'effetto che spiega tutto è quello dell'imputazione automatica degli effetti della legislazione del lavoro. Si pone quindi sempre più un problema di tutela: un lavoratore di un *call-center* che risponde a tutte le chiamate con un contratto di collaborazione a progetto ha una certa autonomia nel raggiungimento dell'obbiettivo. Ci sono state alcune proposte di legge per l'estensione delle tutele ai lavoratori parasubordinati. Si è pensato di estendere ai co.co.co. le tutele fondamentali, ma non quelle proprio identificativa, e questa è la teoria dei "cerchi concentrici" pensando al sistema del Lavoro come una cittadella a cui si dà accesso verso il nocciolo a livelli: ogni livello (verso il nocciolo) ha sempre più livelli quindi il lavoratori (in base al loro contratto) si fanno accedere alle tutele idonee.

Sia ai lavoratori indipendenti che a quelli semidipendenti si applicano tutele fondamentali in materia di salute, igiene, discriminazione, etc. I livelli sono: Lavoratori indipendenti, lavoratori autonomi, lavoratori semidipendenti, lavoratori subordinati. La zona grigia è popolata da figura alle quali il diritto da rilevanza: co.co.co. e co.co.pro.

Il termine "parasubordinazione" non ricorre mai nelle leggi, ma si esprime con: rapporti di collaborazione concreti in disposizione di opera (e non opere) finita e tendenzialmente di rapporti a termine che può essere continuativa e coordinata (da chi si assume il compito: il committente). Questo coordinamento non si traduce in eterodirezione, e la prestazione deve essere prevalentemente (ma non esclusivamente) personale. Anche quest'opera continuativa può svolgere in forma di coordinamento altrui senza eterodeterminazione: può essere simile ma non è subordinazione. I lavoratori parasubordinati sono: consulenti aziendali, agenti di commercio, giornalisti *free-lance*, autotrasportatori, medici convenzionati, membri di organismi pubblici di controllo, lavoratori pienamente dipendenti ma formalmente autonomi [licenziati e riassunti come co.co.co., lavoratori con contratti temporanei non rinnovati (36 mesi), gli operatori del *call-center*, etc.]

Un funzionario molto bravo che raggiunge l'età di anzianità (non vecchiaia) viene estromesso e riassunto come co.co.co. Ci sono alcune attività lavorative in cui si è "flessibili per scelta" e sono abbastanza diffuse e numerose. Ma è vero anche che esistono i flessibili per necessità.

Sul piano giuridico la collaborazione coordinata e continuativa si caratterizzano per tre elementi: la **continuatività** (e non a progetto, a termine, etc.), **coordinazione** (ciò che ci dà il senso della non subordinazione, ed implica un'intensità di rapporti: il committente è coordinatore e all'interno della sua attività si posiziona il co.co.co. ed implicito un tasso di interferenza), **collaborazione**.

Se l'inserimento è leggero o debole si tratta di lavoro coordinato; se l'inserimento è pesante o grave si tratta di lavoro subordinato. L'identificazione della fattispecie dipende anche dalla forma del datore di lavoro: ente, impresa, privato, etc., e ciò vale non solo per le collaborazioni personali, ma anche e soprattutto sulla proprietà dei mezzi utilizzati.

Anche se i mezzi per lavorare sono del lavoratore si è in lavoro parasubordinato, anche se si è in casi di alta specializzazione: l'alta specializzazione di mezzi non esclude la parasubordinazione.

La disciplina applicata a questi lavoratori non è la stessa che per i subordinati: vi sono tutele molto blande, ma si applicano p.es.: il rito del lavoro, l'Art. 2113, una certa tutela previdenziale (malattia, maternità, contributi, assicurazione contro infortuni (meno pregnante che per la subordinazione), agevolazioni.

13.   Lavoro a progetto

Gli elementi che caratterizzano la figura del co.co.co. è la coordinazione, la continuatività e la collaborazione. Si trova in una zona grigia ed i tratti che contraddistinguono sono l'autonomia, la minore tutela, la debolezza del rapporto (rispetto al lavoro subordinato). L'inserimento non è pesante: non si è assoggettati gerarchicamente all'autorità disciplinare. Non è da escludere un certo livello di organizzazione come qualche mezzo o qualche dipendente. C'è un elemento di differenziazione sotto l'aspetto della tutela: questo prestatore di lavoro opera allo stesso modo di un lavoratore subordinato ma ha meno tutele: si applicano tutele minimali. L'Art. 409 definisce la figura del co.co.co. ed attribuisce la medesima tutela processuale al co.co.co. del lavoratore subordinato. Ci sono delle regole che ne consentono meglio l'accesso: non ci sono costi, gratuito patrocinio, etc.

Solo il giudice può in qualche misura sostituirsi all'istruttoria della parte; vi è anche il principio dell'oralità: il giudice deve liberamente convincersi della verità processuale ed il ricorrente è sempre un soggetto debole. Il rito è facilitato a favore del lavoratore (subordinato e co.co.co.). La tutela non è solo processuale ma anche fiscale. Una giurisprudenza minoritaria ha voluto attribuire anche il TFR anche ai lavoratori co.co.co., ma non ha avuto successo. Il principio di sufficienza retributiva deriva dall'applicazione dell'art. 36 della Cost. e significa applicare analogicamente i principi retributivi (e non remunerativi) della subordinazione (contratto collettivo), ma non si è potuto applicare al co.co.co.

L'Art. 2105 parla della fedeltà e del segreto aziendale: questa situazione prima della riforma Biagi era applicata ai co.co.co., ma successivamente andando a modificare il c.c. inserendo la zona grigia non vi fu più il vincolo: creare il *tertium genus* consiste nell'attenuare i vincoli del rapporto subordinato. Con gli artt. 61-69 del d. lgs. 276/03 è stata resa sicura la figura del co.co.co. inserendo requisiti più rigidi. Questa legge è la più importante dopo lo St. Lav. (Legge Biagi): l'art. 61 dice che il rapporto di collaborazione coordinata e continuativa deve essere riconducibile ad uno o più progetti specifici o programmi di lavoro o fasi di esso determinati dal committente (evitando che l'assunzione venga a tempo indeterminato favorendo scorrettamente l'imprenditore). Questi progetti devono essere gestiti autonomamente dal collaboratore in funzione del risultato, nel rispetto del coordinamento con la organizzazione del committente e indipendentemente dal tempo impiegato per l'esecuzione dell'attività lavorativa.

L'ambito di discrezionalità del committente si riduce tantissimo in quanto c'è una forte autonomia relativamente al risultato indipendentemente dal tempo: il progetto può durare nel tempo e deve avere una sua finitezza, una determinazione. Quando c'è il contratto vi è un allegato che è il progetto. L'Art. 409 si applica in tutte le volte in cui non si applica il 61. La giurisprudenza ha preso atto di questa nuova situazione ed ha ricondotto la fattispecie molto più vicina a quella del lavoro autonomo e quindi non vi è un *tertium genus*: il co.co.pro. è un'estrinsecazione della fattispecie del l'art. 409. Un progetto può essere anche un'idea con un massimo di genericità ad un massimo di concretezza.

Il progetto consiste in una attività produttivamente ben identificabile e funzionalmente collegata ad un determinato risultato finale e deve essere determinato nel tempo. Il progetto deve essere suscettibile di programmazione. Ma il legislatore si rende conto che riducendo al semplice fine la fattispecie si restringe troppo. Le co.co.co. senza progetto possono essere legittime (che fuoriescono dalla disciplina: avvocati, medici, ingegneri, geometri, tutti i professionisti, etc.); in favore di associazioni e società sportive; rese dai direttore da società anche società private; nelle pubbliche amministrazioni (nelle modalità di reclutamento però). E' occasionale solo se non supera i 30 gg. ed i 5000€ annui.

Se il giudice scopre che manca il progetto il rapporto viene considerato di lavoro subordinato a tempo indeterminato (è una sanzione pesantissima) fino a prova contraria (bisogna dimostrare l'assenza di subordinazione). Il progetto deve avere una sua specificità, non può essere del tutto generico. Il giudice ha appurato in concreto ricorressero gli estremi della subordinazione qualora non vi sia progetto.

14.   Progetto

La pronuncia del tribunale di Ravenna del 25/10/2005 dice: si trattata di un progetto stipulato da una società che vendeva *peluches* prodotti in Cina, ed una lavoratrice era adibita alla gestione prima di un centralino telefonico e dopo alla fatturazione delle vendite. Il giudice respinge il lavoro subordinato e riconosce l'esistenza del progetto.

C'è una pronuncia del tribunale di Milano 5/2/2007: il tribunale dispone la conversione del contratto in un rapporto di lavoro subordinato. Poiché il progetto non è adeguatamente descritto consistendo nella semplice descrizione del contenuto delle mansioni, senza alcun cenno all'obiettivo che si intende raggiungere e alle attività che sono funzionali al suo conseguimento. Il progetto manca quando manca formalmente o quando esistendo formalmente non è tale perché finisce per identificarsi con quello che comunque il lavoratore farebbe. La giurisprudenza tende ad affinarsi man mano che i casi si presentano più articolati.

Il Tribunale di Milano con la sentenza del 15/10/2009b afferma che: inizialmente il progetto c'è ma poi il datore di lavoro chiede ulteriori prestazioni durante il periodo di lavoro. Inizialmente il progetto c'è ma successivamente tracima e diventa altro da sé. L'assegnazione di compiti può esserci ma se questa diventa strutturale, continuativa si ha un rapporto di subordinazione. All'inizio quelle mansioni accessorie sono divenute principali. Questa sentenza è interessante perché dice che anche se ha utilizzato come operatore subordinato non lo ha fatto a tempo indeterminato, quindi dalla situazione di fatto si hanno soltanto attività a termine.

Il tribunale di Milano con la sentenza del 17/11/2007 ha affermato che: il giudice dice che i requisiti sono la specificità del progetto dettagliati in modo sufficiente a individuare un risultato. Inoltre il progetto non può essere eterodeterminato e controllato dalla gestione aziendale ma deve essere affidato all'autonomia non della prestazione ma della gestione da parte del lavoratore: l'autonomia si rivolge al modo di organizzare il risultato. L'autonomia deve portare a gravare sul lavoratore il rischio del lavoro, ossia l'area tecnico-economica. Il coordinamento della gestione autonoma con l'organizzazione: come ci si organizza e ci si coordina all'organizzazione del committente deve essere frutto della scelta e dell'intervento del lavoratore co.co.co. fermo restando che le indicazioni del committente devono essere circoscritte nella durata e limitate nel contenuto.

In mancanza di tali requisiti si considera **contratto di lavoro subordinato a tempo determinato**. Fermo restando che per una elusione evidente si considera la sanzione della trasformazione in rapporto di subordinazione.

Problema della presunzione del vincolo di subordinazione: si tratta di una presunzione, secondo la giurisprudenza, di una presunzione relativa superabile mediante prova contraria. La sentenza del 5 febbraio 2007 dice che la conversione non si pone come presunzione ma come atto imperativo, come sanzione. E' automaticamente l'effetto della sussistenza del rapporto di lavoro subordinato secondo l'interpretazione di quel giudice.

La Corte d'appello di Firenze nel 2010 ha affermato: configura una presunzione legale che rende superfluo in mancanza di progetto l'accertamento in concreto della sussistenza della subordinazione qualora le mansioni siano tipiche di tale tipologia di rapporto, mentre ogni altra ipotesi negoziale costituisce eccezione da provarsi rigorosamente, nei presupposti formali e sostanziali.

Nel Caso *Call-Center* viene specificato che: fermo restando che il progetto possa qualificarsi come una normale attività, esso possa qualificarsi come progetto in quanto finalizzato ad uno specifico risultato determinato nei suoi contenuti qualificanti, e che l'operatore telefonico assume l'obbligo di eseguire entro un certo termine prestabilito e con possibilità di autodeterminare il ritmo di lavoro.

Il progetto è genuino quando si hanno campagne telefoniche *outbound*[2]: il collaboratore deve rendersi

---

[2] Il contatto telefonico fra cliente e operatore avviene su iniziativa di quest'ultimo, il quale contatta uno o più clienti mediante liste di numeri di telefono usualmente fornite dall'azienda

attivo al fine di contattare per un arco di tempo predeterminato, l'utenza di un prodotto o servizio riconducibile ad un singolo committente.

Il progetto non è genuino nel caso delle campagne telefoniche *inbound*[3] che è la gestione *"routinaria"* dell'utenza perché l'attività consiste nel rispondere alle chiamate dell'utenza, limitandosi a mettere a disposizione le energie psico-fisiche.

La Durata: deve essere stipulato il contratto in forma scritta e deve contenere ai fini della prova l'indicazione della durata determinata o determinabile, della prestazione di lavoro (forma scritta *ad probationem*). In assenza di specifiche limitazioni previste dalla legge si ammette la possibilità che analogo progetto o programma sia oggetto di successivi contratti con lo stesso collaboratore ovvero che questo possa essere impiegato successivamente per progetti o programmi di contenuto diverso (v. regola antifraudolenta 1344 cod. civ.).

Per concludere si pone il problema se il legislatore ha eliminato il problema elusivo del co.co.co. con il contratto a progetto. Se io voglio eludere il co.co.co. ho strumenti diversi dal lavoro a progetto, impongo la

---

[3] Le telefonate giungono al *Call-center* direttamente dal cliente, di solito mediante la composizione di un numero verde; in questo caso l'operatore, oltre a fornire le informazioni richieste dal cliente, avrà il compito di indirizzare la telefonata verso lo scopo commerciale individuato dall'azienda

partita iva al lavoratore e costruisco tutto come se fosse consulenza ed è difficile poi da provare. Il lavoro nato a progetto comunque tende a trasformarsi.

15.   Co.Co.Pro. (Riforma del mercato del Lavoro "Legge Biagi" 276/2003)

Il contratto di lavoro a progetto è stipulato in forma scritta e deve contenere, ai fini della prova, i seguenti elementi, descritti in questo paragrafo (lezione). Le norme che avrebbero dovuto contribuire a colmare la tutela non sono norme così precipue. Il contratto a progetto è parasubordinato nettamente a termine e non vi è la stessa continuatività del contratto co.co.co. Il tempo è determinabile in ragione della natura del progetto, quindi per il termine o si indica la durata del lavoro o la fine del progetto. Il contratto non è *ad substantiam* ma *ad probationem*: anche senza il progetto scritto si ha efficacia, ma esclude la possibilità di prova in giudizio.

(Art. 63) Ai co.co.pro. Si applicano le stesse tutele che si applicano per i co.co.co. (fiscali, antinfortunistiche, previdenziali, sanitarie, etc.). Mentre le vecchie co.co.co. sono estranee al rapporto di lavoro per le tutele, per i co.co.pro. sono previste anche tutele che agiscono tra le parti ma sono scarse:

sul corrispettivo deve essere proporzionato alla quantità ed alla qualità del lavoro eseguito, e deve tenere conto dei compensi normalmente corrisposti per analoghe prestazioni di lavoro autonomo e nel luogo di esecuzione del rapporto. Il concetto di retribuzione sufficiente è corrispondente a quello che negli altri paesi è chiamato salario minimo: una contribuzione che sfiori la soglia di povertà. Il principio della retribuzione sufficiente prevede che non si debba guadagnare meno della soglia della povertà, ma ciò non è previsto per i co.co.pro.

(Art. 66) La malattia, la gravidanza e l'infortunio non comportano l'estinzione del rapporto contrattuale, essendo lavoro autonomo, essendoci una legge del 2007 che dice che il rapporto diviene sospeso: il lavoratore malato non si può licenziare, ma bisogna aspettare che si riprenda anche non pagandolo. L'unico vantaggio che il lavoratore riceve è che non perde il lavoro in quanto finalizzato ad un progetto, ed il progetto riprende (lavorando) da dove era stato sospeso. Con la legge del 2007 sì da una minima tutela economica anche qualora vi sia un ricovero ospedaliero.

(Art. 67) Il contratto si estingue al momento della conclusione del progetto, oppure il recesso può avvenire prima della scadenza per giusta causa: si nota la differenza di tutela al momento della causale perché la legge dice che il committente deve giustificare il recesso ma se le parti nel contratto scrivono che anziché mediante giusta causa si possa invece recedere mediante semplice libero preavviso. Quando c'è il preavviso non è necessaria la giusta causa e nessuno può sindacare, nemmeno il giudice. Se c'è l'obbligo di giusta causa allora il giudice può sindacare invalidando il recesso. Il primo stadio della tutela in ogni forma di rapporto di lavoro è proprio la causalità: il recesso di giusta causa deve essere motivato, provato a sufficienza.

In nessuna Costituzione (se non in quella "europea") è previsto il preavviso per il recesso del contratto e la relativa tutela. Si stanno diffondendo contratti in cui la debolezza contrattuale è simile a quella a termine e non a quella a tempo indeterminato. I contratti co.co.pro. sono contratti a termine dai quali si può recedere con preavviso (senza necessariamente la giusta causa). E' comunque una eccezione (in quanto riforma) rispetto alla tradizione civilistica che prevedeva il recesso "*ad nutum*" (Senza dimostrare la giusta causa) ai soli casi di rapporto a tempo indeterminato.

Le qualificazioni del lavoro sono: "sotto", "fuori", "con": lavoro subordinato (lavorare sotto la direzione dell'imprenditore: piena integrazione nell'impresa), lavoro autonomo parasubordinato (lavoratore giuridicamente fuori dall'impresa indipendentemente dalle direttive dell'imprenditore), lavoro associato (lavorare con l'imprenditore, condivisione degli obiettivi).

COOPERATIVA DI LAVORO: *il socio che conferisce lavoro nella cooperativa di produzione (le cooperative di facchinaggio e pulizia), non c'è alterità e quindi potenziale conflitto di interessi: il lavoratore è anzi coinvolto nel destino dell'impresa, vi è partecipazione del lavoratore al rischio di impresa (partecipazione all'assemblea, organo societario), di fatto e spesso, le dinamiche di alienazione e potere sono identiche nell'impresa associata e nell'impresa commerciale. Vi è anche una qualche partecipazione agli utili da parte del lavoratore (socio), come elemento distintivo. I soci che lavorano sono anche consiglieri nell'assemblea, ma in verità seguono la medesima logica dell'impresa capitalista e chi gestisce si riduce ad essere il consiglio di amministrazione (o addirittura dal Manager).*

Queste forme societarie prevedendo nella configurazione degli organi: l'assemblea della società, consiglio sindacale, consiglio dei probiviri, consiglio direttivo, etc. Il socio in quanto socio può ricevere anche un utile d'impresa.

La riforma del 2001: *è un peculiare meccanismo del doppio rapporto che insiste con la società/impresa* *(associativo e di lavoro); il socio rimane tale anche se mantiene un rapporto di lavoro con la società; il rapporto di lavoro può essere autonomo o subordinato a seconda di come è regolato nel regolamento interno della cooperativa (la tesi del doppio binario); se il rapporto è formalmente o di fatto subordinato, si applicano soltanto alcune tutele del rapporto di lavoro subordinato adattate alle cooperative. Con la riforma del 2001 il socio può rimanere socio anche se ha contemporaneamente un rapporto di lavoro subordinato.*

I rapporti di lavoro che possono intercorrere possono essere sia subordinato che autonomo. Se il rapporto si configura come rapporto di lavoro subordinato non si applicano tutte le regole del rapporto subordinato vero e proprio in quanto potrebbero essere incompatibili con il rapporto associativo e quindi le regole del rapporto di lavoro devono essere contemperate con la natura associativa che insiste contemporaneamente.

La sentenza della Corte di Cassazione N. 8346 del 2010 dice che il lavoratore socio può quindi ricoprire contemporaneamente le due figure. Se infatti la partecipazione alle assemblee (non sindacali, ma come organo della società) è indicativa dello status *di socio della cooperativa ciò non esclude che si possa essere anche lavoratore della società cooperativa. Spetta al lavoratore provare la subordinazione (o comunque il rapporto di lavoro autonomo). Prima il Giudice appena vedeva il rapporto di lavoro considerava il rapporto associativo una simulazione, invece adesso con la legge si riconosce lo status di socio/lavoratore.*

Ai soci lavoratori di cooperativa, con rapporto di lavoro subordinato, si applica lo statuto dei lavoratori con esclusione dell'art. 18 ogni volta che venga a cessare. Col rapporto di lavoro, anche quello associativo. L'esercizio dei diritti di cui al titolo III della citata legge, trova applicazione compatibilmente con lo stato di socio lavoratore, secondo quanto determinato da accordi collettivi tra associazioni nazionali del movimento cooperativo e organizzazioni sindacali dei lavoratori comparativamente più rappresentative. Si applicano le norme in materia di salute e sicurezza.

I contratti sindacali vedono le coop come se fossero imprese in quanto importa la situazione di fatto, perché prevale la situazione di socio (e non di lavoro). Il lavoratore socio agisce sempre più da socio che da lavoratore quindi prevale sempre il diritto societario che il diritto di lavoro (per legge e non per consuetudine).

L'art. 18 (tutela reintegratoria nel licenziamento) non si applica al socio/lavoratore.

16.   Lavoro associato

Il legislatore ha riconosciuto in capo al socio di cooperativa la figura del lavoratore/socio, in modo da adattare la legislazione del lavoro. In caso di licenziamento non si applica l'Art.18 dello St. Lav., in quanto prevale la disciplina societaria. Il socio lavoratore può essere inquadrato secondo lo schema del lavoratore autonomo in quanto non vi è vincolo di subordinazione. Molto spesso i farmacisti utilizzano lo schema del lavoratore associato. La società non conferisce capitale, ma conferisce lavoro. E' una società a tutti gli effetti imprenditoriale e l'apporto alla società non è denaro ma lavoro. L'associato in qualche modo ricopre due ruoli: lavoratore subordinato e beneficiario in quota parte degli utili d'impresa.

Nel compenso una parte è retribuzione della prestazione, l'altra parte è utile d'impresa: remunerazione del rapporto lavorativo e partecipazione agli utili. Il legame della partecipazione agli utili è un elemento di forte potere direttivo. Il contratto può determinare modalità ed intensità del controllo, e quindi il socio lavoratore partecipa agli utili, ma partecipa anche all'organizzazione ed alla determinazione dei programmi e degli scopi della società cooperativa. L'associato non può essere escluso del tutto dalla determinazione dell'organizzazione, dalla gestione, dalla direzione. Il livello di partecipazione può essere modulato dal contratto di associazione. La quota di partecipazione agli utili deve essere rilevante, consistente, sensibile, perché altrimenti sarebbe una simulazione ove si vorrebbe creare un rapporto di lavoro subordinato mascherato da cooperativa.

Il lavoratore socio partecipa anche del fallimento, delle perdite. Il lavoratore per legge può subire una riduzione di reddito in quanto è coinvolto nel rischio d'impresa. La partecipazione alle perdite può essere esclusa: esiste un patto. Ma la legge pone un limite nel caso di coinvolgimento nella perdita: fino a che punto può perdere il lavoratore associato? Può perdere tutti gli utili ma non anche la retribuzione della prestazione, quindi non si può perdere la controprestazione: non esiste il lavoro gratis.

Non esiste un contratto in cui si escluda la partecipazione alle perdite. Il rischio consiste nel quantum *di partecipazione agli utili. La retribuzione deve essere pagata obbligatoriamente, quindi se manca capitale per pagare, non già solo gli utili ma anche la prestazione, allora tutti i soci devono conferire quel capitale (in compartecipazione di rischio) per pagare le almeno prestazioni di lavoro (il che potrebbe anche risolversi per "confusione": il lavoratore è anche socio, quindi debitore di se stesso, e se il credito è uguale al debito, non sussiste allora alcuna operazione.)*

L'impresa ha diversificato le modalità di attribuzione del lavoro con schemi più lontani: i livelli centrifughi di lavoro sono: Lavoro subordinato, lavoro co.co.co. e co.co.pro. lavoro somministrato, appalto di servizi. L'impresa può essere affidata ad appaltatori esterni, o a lavoratori esterni (interinali). Il lavoratore interinale non si può punire, ma se può chiedere la sostituzione. E' l'impresa somministrante che punisce e non l'azienda utilizzatrice. Il livello di esternalizzazione è progressivo: è nata l'agenzia del lavoro. Per anni in Italia gli uffici di collocamento hanno funzionato malissimo, ma avevano per legge il monopolio del collocamento. Ma fino al 1994 soltanto l'8% dei lavoratori venivano dalle liste di mobilità. Negli anni '50 il collocamento era privato, ma fortemente discriminatorio, quindi si ritenne che solo lo Stato potesse collocare i lavoratori senza discriminazioni.

Alla fine degli anni '90 in Italia i canali di collocazione del lavoro si divaricano: ci sono centri d'impiego pubblico ma servono ad altro, allora vengono legittimate le agenzie del lavoro sussidiarie rispetto allo Stato, ma che sono nei fatti uffici di collocamento privati. L'attività è d'interesse pubblico, ma la UE ci dice che questa funzione può essere svolta anche da soggetti privati che non la svolgono per solidarietà sociale ma per interessi economici.

Dalla fine degli anni '90 in poi il lavoratore può rivolgersi alle agenzie di intermediazione. Le imprese possono assumere lavoratori assunti da altre (lavoro interinale). Prima della riforma del lavoro in somministrazione si poteva utilizzare il lavoratore "comandato" o in "distacco" ma che può funzionare solo in ipotesi eccezionali, marginali, poco utilizzate. Adesso i lavoratori interinali possono essere assunti in modalità massiccia. Oggi possono essere prese a nolo braccia: una volta era vietato, ma oggi è permesso perché è cambiato il contesto organizzativo (e legislativo). Prima l'impresa si organizzava in modo diverso, assumendo dipendenti per ogni attività, e queste funzioni rientravano nell'organizzazione aziendale.

Ci sono stati processi massicci di riorganizzazione della impresa: licenziamenti fittizi (con assunzioni sotto altro aspetto o con altro contatto). L'azienda si è "federalizzata" o addirittura "confederalizzata": il marchio di produzione resta lo stesso ma ci si rivolge ad altre imprese (subfornitura) per supplire a quelle attività che prima venivano gestite in maniera centralizzata dalla impresa produttrice (che mette il marchio).

Nel momento in cui l'azienda si organizza per esternalizzare tanti contratti di lavoro vengono sostituiti da contratti commerciali. Il problema sorge quando bisogna affidare anche il lavoro ad una agenzia esterna, ma si risolve positivamente anche se bisogna fare i conti col principio che "il lavoro non è una merce".

17.   Intermediazione del lavoro

Si può affidare ai terzi anche l'acquisizione di forza lavoro che si utilizza in prima persona addirittura per la produzione "*core*". Il Diritto del Lavoro regola il rapporto di lavoro tra l'impresa ed il lavoratore utilizzato. Se si arriva a pensare ad una organizzazione d'impresa con lavoratori con i quali non si hanno rapporti giuridici è necessaria una disciplina di regolazione. L'impresa utilizzatrice non assume, ma contratta con una agenzia l'affitto di mano d'opera, evitando tutti quei problemi dell'assunzione.

Se presuppone lo svolgimento della prestazione alle dipendenze di altri: nel rapporto di lavoro non vige il principio della atipicità del contratto: sempre di più si ricorre a contratti al di fuori dello schema del contratto di subordinazione o di autonomia. Prima della legge Biagi che legittimerà a tutto tondo questa possibilità, il datore di lavoro si vede imputato il rapporto di lavoro con il suo lavoratore subordinato. Il contratto di lavoro autonomo nella forma della co.co.co. presuppone la personalità della prestazione.

Un imprenditore può affacciarsi nel mercato del lavoro rifornendosi mediante un rapporto giuridico non diretto (come l'appalto di servizi, *staff-leasing*, etc.): vi è quindi la possibilità di scorporare dalla propria impresa degli uffici o delle funzioni, o di altre mansioni. Il diritto cambia e si evolve inseguendo la realtà: la realtà è sempre più veloce del diritto nella evoluzione. Il problema qui però non è solo di adeguamento giuridico: attingere da soggetti che somministrano lavoro è inosservare i principi cardine del rapporto di lavoro. Si deresponsabilizza dai problemi economici e sociali del rapporto di lavoro. Si mette insieme una comunità con tutto ciò che implica: con questi nuovi schemi si può utilizzare lavoro in via di fatto al di fuori di qualunque schema che filtri la direzione economica in termini giuridici, e ciò avviene per chi utilizza la prestazione in via di fatto.

Per chi assume lavoratore la possibilità del vincolo giuridico comportava l'impossibilità di affittarli: si rende invece adesso legittima e necessaria questa prestazione rientrando nei canoni di civiltà e negli schemi del diritto, in modo assolutamente conforme ai principi costituzionali. Ci siamo inventati disposizioni che costituiscono eccezione al principio di interposizione illecita della mano d'opera. In passato l'intermediazione era reato (interposizione illecita), tutto ciò che rompeva la simmetria del rapporto rientrava nell'aria della illiceità e si riteneva come illegittima intermediazione e ciò era in vigore fino al 1995. Ciò era coerente col principio di monopolio pubblico, ed era coerente con questo divieto di fratturare la simmetria tra titolarità ed utilizzazione del lavoro: l'intermediario era un parassita.

Il divieto di interposizione viene introdotto in Italia con la Legge 1369/1960 (Divieto di Interposizione); Nel 1997 questo meccanismo viene dichiarato legittimo a seguito di una regolazione stabilendo che il "caporale" deve essere una società, un imprenditore, garantito, controllato e controllabile, e ciò avvenne con la Legge 196/1997 (Il lavoro interinale); nel 2003 si poté ricorrere al lavoro interinale con la formula della "somministrazione" con il D. Lgs. 276/2003 (La somministrazione di lavoro).

Le agenzie del lavoro non fanno altro che realizzare un utile nel reperire nel mercato lavoratori disoccupati, riqualificandoli, riformandoli, e vendendoli. Nell'acquisto di lavoro ci deve essere un utile, e la legge razionalizza questa operazione rendendola compatibile con i principi del lavoro.

•La legge del 1960 dice che: "E' vietato all'imprenditore affidare in appalto, subappalto o qualsiasi altra forma, l'esecuzione di mere prestazioni di lavoro mediante impiego di manodopera assunta e retribuita dall'appaltatore o intermediario". (L. n. 1369/1960) Ai tempi non si poteva eludere il monopolio dello Stato. Se si scopre che l'appaltatore non è un imprenditore ma un mero intermediario si ponendo in essere un'operazione vietata penalmente illecita. Chi ha utilizzato il lavoratore secondo lo schema dell'appalto fittizio, allora la legge riconduce allo schema. Bisogna direttamente approvigionarsi al mercato del lavoro. L'illiceità sussiste perché l'operazione non è socialmente adeguata dal legislatore, si riteneva che si aveva luogo a fenomeni sociali negativi. Ci si rivolgeva ai caporali per non aver problemi di assunzione. Chi lavora per il somministratore riceve meglio garanzie: se il caporale riceve la chiamata, allora prende i lavoratori e li porta a lavorare, altrimenti non lo fa. Per questo, per evitare ciò si è voluto vietare tale tipo di prassi. La sanzione civile prevedeva, nella scoperta dell'illecito, la presa d'atto della situazione convogliando i lavoratori all'interno della disciplina del rapporto subordinato a tempo indeterminato. Le parti avevano scisso la prassi dalla titolarità formale, il giudice l'avrebbe ricomposta. Questo schema ha funzionato per molti anni ma proprio per la rigidità era inevitabile che si abrogasse: venivano vietate anche forme di somministrazione abbastanza normali e sempre più necessarie dell'organizzazione dell'impresa. Vi erano attività che non sarebbero state disdicevoli ma comunque vietate sulla base della L. n. 1369/1960.

●Nel 1997 il legislatore prende atto della modifica sociale rendendosi conto della situazione, ma temeva che il provvedimento avrebbe comportato una falla di sistema. E quindi è stato preso il primo (parziale) superamento in via legislativa del divieto di interposizione. I sindacati protestavano per timore della falla. Sono nate le prime società del lavoro interinale, potentissime multinazionale (erano già nate ma mascheravano l'attività tra le pieghe della giurisprudenza). Vengono riconosciute queste formule ed il soggetto legittimo deve essere una agenzia del lavoro con certe caratteristiche con certi requisiti di garanzia finanziaria, gestionale, etc. Deve essere una impresa specializzata ed autorizzata. Sulla base di queste premesse lo schema diventa lecito: non può essere un'impresa qualunque. Si viene a determinare così l'aera della intermediazione e lecita ed illecita dopo il 1997. Si introduce una piccola area in cui possono operare in maniera lecita le agenzie di lavoro interinale (sono nelle ipotesi determinate previste dalla legge). Si rompe il principio del divieto. La fornitura poteva essere solo per specifici servizi ed a tempo determinato. Il lavoratore viene mandato in missione presso l'agenzia utilizzatrice. L'impresa utilizza il lavoratore che dipende dall'agenzia. Si riduce a poche eccezione l'area del divieto.

18.   Agenzia del lavoro (Interinale)

Prima c'era un processo di verticalizzazione dell'impresa, adesso è vista in maniera orizzontale, a rete, frammentata. Nel momento in cui l'impresa al suo interno si forma a rete, il datore di lavoro mutua nell'impresa centrale, e cambia il suo principio di imputazione. Immaginiamo una produzione di pelletteria, le varie parti delle scarpe vengono fatte al di fuori, quindi ogni parte ha un suo ingranaggio, un datore di lavoro etc., e il principio di imputazione va a colui che è il datore di ogni singola parte.

La somministrazione del lavoro determinato o indeterminato può essere anche contratto trilaterale in cui due soggetti sviluppano un rapporto di natura commerciale e sono un datore di lavoro che è l'utilizzatore degli effetti finali e un'agenzia di somministrazione è da distinguere dal contratto fatto tra l'agenzia e il lavoratore. Il datore di lavoro è l'utilizzatore perché non è il vero datore di lavoro, mentre l'agenzia è il vero datore di lavoro. La veccia disciplina L. n. 1369/60 impediva l'utilizzo di mere prestazioni di lavoro ma consentiva gli appalti interni. Caduto il tabù della legge del '60, oggi si parla di interposizione lecita e illecita. Prima era del tutto vietata, ora con il decreto Biagi è ammessa con determinati limiti. Non tutti possono somministrare mere prestazioni di lavoro, infatti il decreto 276/2003 prevede delle agenzie di lavoro, che devono versare una caparra iniziale per garantire i lavoratori, devono esser iscritte all'albo, etc. In questo modo lo Stato controlla.

•Il decreto legislativo 276/2003 va regolando una disciplina che è regolata negli articoli 24 e seguenti. L'illecito potrebbe derivare dalla sostituzione di lavoratori dipendenti con altri lavoratori. Ad esempio, i lavoratori dell'impresa fanno protesta e il datore di lavoro per non bloccare la produzione li sostituisce con quelli lavoratori. Inoltre per sottrarsi alle discipline di licenziamento, perché è una disciplina che riguarda il lavoro a termine. I lavoratori somministrati sono detti trasparenti, perché non contano nell'organico aziendale. Terzo illecito: può avere l'effetto di ridurre le garanzie dei dipendenti del terzo somministratore, normalmente meno solido dell'impresa che esternalizza.

La conseguenza della violazione di un divieto, comporta, ad esempio, il contratto commerciale di somministrazione richiede la forma scritta *ad substantiam* per l'art 20 altrimenti si instaura un rapporto di lavoro direttamente tra somministratore e lavoratore. Se l'agenzia non paga, l'utilizzatore risponde in solido al lavoratore, potendosi rifare sull'agenzia di lavoro. Nella legge del '60 si prevedevano dei fenomeni di appalto interno, invece nella legge del 2003 si ha la Legge del libro bianco volendo allargare l'operato dell'impresa con il *leasing*[4] di mano d'opera. Il vantaggio è che l'agenzia di lavoro è specializzata nella selezione del personale e quando l'impresa ha bisogno di una figura specializzata, ha il personale selezionato dall'agenzia.

Quando però si richiede di manodopera di più basso profilo si abbassa il livello di selezione del personale. La somministrazione, avviene tramite un contratto di fornitura a tempo indeterminato/determinato *(staff leasing)*: l'imprenditore può stipulare un contratto sia a tempo determinato che indeterminato, e lo scopo è che di quel segmento dell'impresa esternalizzato se ne occupa l'agenzia tramite i suoi lavoratori, ma dei lavoratori poi

---

[4] Il *leasing* è un contratto attraverso cui prendo in affitto un macchinario e pago delle rate e alla fine posso pagare una rata più cospicua per riscattarlo e farlo diventare mio.

si occupa il somministratore. La differenza con l'appalto è che è l'appaltatore che si occupa di organizzare i lavoratori.

L'utilizzatore usufruisce del potere di controllo e del potere di organizzazione, mentre il potere disciplinare viene esercitato dall'agenzia: è previsto dalla legge che l'utilizzatore deve comunicare all'agenzia i motivi per i quali deve essere esercitato il potere disciplinare. Lo *staff leasing:* da una parte il ricorso alla somministrazione di lavoro a tempo indeterminato può ricondursi alle prassi di esternalizzazione delle attività non rientrando in quelli che le imprese considerano il *core business*; dall'altra lo stesso istituto può risultare funzionale, sia pure in ipotesi estreme, alla realizzazione dell'idea, sino ad oggi relegati nella sfera del sogno, della "fabbrica senza lavoratori".

Nel 2007 con la L. n. 247 si stipulò un protocollo che escludeva lo *staff leasing*, poi fu reintrodotto del 2009. Il contratto è dato a termine con ragioni di carattere tecnico, organizzativo, produttivo, sostitutivo (clausole aperte). Tuttavia i giudici che hanno giudicato con questa causa hanno sempre cercato di chiedere che l'imprenditore, specificasse le ragioni, e il motivo per cui hanno quel carattere. La stessa legge dice che il sindacato del giudice non può entrare nel merito di queste ragioni. La somministrazione a termine può essere utilizzata sempre, invece quella a tempo indeterminato è stata introdotta nel 2010 con la finanziaria e ha dei casi specifici nell'Art. 20, "in tutti gli altri casi previsti dai contratti collettivi nazionali o territoriali stipulati da associazioni comparativamente più rappresentative" la contrattazione si svolge a livello nazionale, territoriale, e a livello aziendale. Il contratto territoriale è un tipo di contratto che non è mai decollato, perché il sindacato è molto presente o a livello aziendale o nazionali. Infatti le categorie produttive non si sono mai aggregate molto a livello territoriale nelle rivendicazioni.

La somministrazione a termine ha la stessa causa del contratto a termine che si stipula tra datore di lavoro e lavoratore, però nel contratto di lavoro a termine esistono regimi specifici per le norme. Nel contratto a termine sia proroga (firma di un "allungamento" di un contratto), sia continuazione (continuo a lavorare senza titolo giuridico) che rinnovo (novazione del contratto) ci sono con limiti. Se l'agenzia ha assunto lavoratori per contratto a termine per tre anni, l'agenzia, siccome sa che i lavoratori deve mandarli per tre anni, non può prorogarlo per tre anni perché si trasforma a tempo indeterminato.

Manca un divieto esplicito di reiterare contratti temporanei di somministrazione, che è ammessa nel contratto di lavoro a tempo determinato, è ammessa a fronte di ragioni di carattere tecnico, produttivo, organizzativo o sostitutivo, anche se riferibili all'ordinaria attività dell'utilizzatore.   Per quanto riguarda la sanzione è quella di instaurare un rapporto a tempo indeterminato con l'utilizzatore, ma il datore di lavoro giuridicamente è l'agenzia. Il punto è che si vuole far mettere all'utilizzatore tutto per iscritto.

Limiti quantitativi: per le altre figure di lavoro è previsto un limite quantitativo; nella somministrazione a tempo indeterminato non c'è limite, mentre in quella a tempo determinato la contrattazione doveva determinare i limiti, ma quasi nessun contratto collettivo ha esercitato questo potere.

Il contratto di somministrazione è vietato per la sostituzione dei lavoratori in gioco perché si vanificherebbe lo sciopero; presso le unità produttive nelle quali si sia proceduto entro i sei mesi precedenti a licenziamenti collettivi; da parte di imprese che abbiano effettuato la valutazione dei rischi.

La legge si insinua nel rapporto che lega l'agenzia al lavoratore (non può essere inscritta alcuna clausola che impedisca l'assunzione da parte dell'utilizzatore finale) e il lavoratore all'utilizzatore. E' una clausola di favore per il lavoratore. Tuttavia la clausola non ha valore in caso di giusta indennità: monetizzazione. L'indisponiblità del lavoratore si può avere tramite un "vincolo di fedeltà" pagato, indennizzato. Inoltre si ha il principio di parità di trattamento tra lavoratori interni e esterni all'impresa.

Il lavoratore come può controllare? Solo con il confronto con altri lavoratori, perché il suo non è un contratto collettivo d'impresa ma quello dell'agenzia di somministrazione. Quindi concorrono il contratto collettivo nazionale di categoria e il contratto collettivo dell'agenzia di somministrazione.

La somministrazione irregolare avviene al di fuori dei limiti degli Artt. 20 e 21. La definizione è data dall'Art. 27 della Legge Biagi. In questi casi il lavoratore può chiedere la costituzione di un rapporto di lavoro alle dipendenze dell'utilizzatore

La somministrazione fraudolenta invece è prevista dall'Art 28: "è posta in essere con la specifica finalità di eludere norme inderogabili, somministratore e utilizzatore sono puniti con una ammenda di 20€ per ciascun lavoratore coinvolto e ciascun giorno di somministrazione. E' difficile da dimostrare perché richiede il dolo specifico, cioè la volontà mirata ed orientata specificatamente ad eludere norme inderogabili di legge e di contratti collettivi.

Per la prima volta nel 2008 è stato stipulato un contratto collettivo per le agenzie di somministrazione (16/05/2008), ed ha avuto due pregi: il primo ha ribadito l'importo di indennità di disponibilità, quando il contratto di lavoro tra lavoratore e agenzia è a tempo indeterminato, se il lavoratore non è mandato in missione percepisce un'indennità di disponibilità di 700€ al mese mentre quando è mandato in missione prende lo stipendio dei lavoratori dell'impresa utilizzatrice; superati determinati periodi di tempo, dai 36-42 mesi con successivi contratti a termine, il rapporto di lavoro tra lavoratore e agenzia si trasforma in lavoro a tempo indeterminato che nei casi di non lavoro percepisce indennità di disponibilità e l'agenzia può licenziare il lavoratore in caso in cui questo non adempia ai suoi doveri. La cosa importante è che questo regime non è più una cosa tipica del rapporto subordinato nell'impresa ma anche esterno all'impresa, come le agenzie. I 36-42 mesi vengono computati anche all'anno precedente alla stipula del contratto collettivo nazionale. Altri vantaggi sono la previsione di assegno di maternità a carico degli enti bilaterali (enti sovvenzionati da agenzie di lavoro e sindacati che ogni anno versano una parte dei loro introiti contributivi all'interno di questi fondi che sovvenzionano il Welfare dei lavoratori somministrati).

I contratto collettivo del 2008 è il primo tentativo di attuare un sistema di Welfare per i lavoratori subordinati. Anche il datore di lavoro pubblico può ricorrere a lavoro somministrato tramite agenzia salvo il limite della somministrazione a tempo indeterminato, pena la violazione dell'Art. 97 della Costituzione. Ciò tranne nel caso (*i-bis art.20*) in tutti i settori pubblici di cura e di assistenza della famiglia: si considera un settore che abbia una rilevanza pubblica, non pubblico dello Stato.

19.   Somministrazione

L'appalto è un contratto regolato già da prima del Codice Civile del 1942. Mentre prima si appaltava il servizio marginale, adesso invece vi è la possibilità di affittare un servizio precipuo e più dettagliato e specializzato mediante le nuove forme di contratto. L'appalto è un contratto abbastanza noto con il quale una parte assume con l'organizzazione necessaria a compiere un servizio. La differenza con la somministrazione sta (anche utilizzando lavoratori di un altro imprenditore) nella determinatezza dell'opera: la somministrazione è messa a disposizione del lavoro, ma nell'appalto non vi è solo messa a disposizione della mano d'opera, ma dà un'opera (completa e definita) o un servizio (completo e definito).

Anche la somministrazione è un appalto (particolare): il compimento di un opera od un servizio. L'esternalizzazione non si traduce in una mera fornitura di mano d'opera quando l'appaltatore: è un vero imprenditore (qui subentra il reale rischio d'impresa: la creazione di una società fittizia non comporta la sussistenza di autorizzazione e legittimità), che si obbliga a realizzare un servizio (imputabilità del rischio imprenditoriale su un servizio definito e completo).

Se una azienda in via di fatto mette a disposizione le sole maestranze, quando in vece *de iure* pone un contratto d'appalto, sta compiendo un atto illecito: anche se l'impresa è forte economicamente ma non ha l'autorizzazione non può somministrare maestranze. L'elemento che rende legittima la somministrazione di mano d'opera è la garanzia da parte dell'autorità amministrativa: senza autorizzazione e garanzia le agenzie non possono somministrare mano d'opera. L'area della illiceità si restringe ad appalto illegittimo e somministrazione non autorizzata. Il primo caso riguardo la fattispecie in cui *de iure* vi è contratto d'appalto ma *de facto* vi è mera intermediazione. Per fornire un servizio di un certo tipo l'impresa deve avere specializzazione e capacità d'investimento; ma non tutte le attività necessitano intensità di specializzazione e di organizzazione di mezzi (p.es.: servizio di pulizia, servizi personali): è chiaro che più il servizio è meno complesso, meno vi è organizzazione strutturale dell'azienda somministratrice, quindi bisogna individuare un criterio che dia certezza di organizzazione per definire la liceità di talune "somministrazioni non autorizzate" di servizi a bassa intensità organizzativa.

Nella società della produzione immateriale di servizi si possono avere attività imprenditoriali senza avere un'azienda: si possono svolgere attività d'impresa senza avere capitali (Facebook) senza avere bisogno di beni materiali. Dove gli investimenti in mezzi e tecnologie sono bassi l'attività finisce per identificarsi con il lavoro dell'imprenditore e dei lavoratori (si è al confine della somministrazione del lavoro). Quando può dirsi che ricorrano i presupposti dell'impresa in questi casi? Come si fa a distinguere la fornitura del servizio dalla mera fornitura di personale?

Chi fornisce personale lo fa previa autorizzazione dell'autorità amministrativa. La giurisprudenza dopo un itinerario decennale si è affermata su questo genere di attività come legittima: "gli appalti leciti di servizi sono quelli che pur espletabili con mere prestazioni di mano d'opera, costituiscano un servizio in sé, svolto con gestione autonoma dell'appaltatore e **purché l'intervento di controllo dell'appaltante si esplichi sull'attività dell'appaltatore e non sulle persone da questo dipendenti**".

L'appaltante non deve gestire i lavoratori (somministrazione) ma l'appaltatore: altrimenti si ha un appalto non genuino, cioè illecito. Il contratto di appalto si distingue dalla somministrazione di lavoro per la organizzazione dei mezzi necessari da parte dell'appaltatore. Nell'appalto il lavoratore gestisce il lavoro ed esercita il potere direttivo; l'appaltante controlla il servizio ma non il lavoro in senso stretto. Nella somministrazione l'utilizzatore gestisce dipendenti altrui.

Quando si cede una azienda si vedono trasferire pure i contratti di lavoro, e l'operazione di circolazione ha delle ricadute sui lavoratori da cui il trasferimento è regolato sia dalle norme del Diritto Commerciale sia dalle norme del Diritto del Lavoro. L'identico istituto è regolato due volte nel Codice Civile: sono due ceppi regolativi diversi che si integrano: sono diversi ma non si contraddicono (*diversi sed non adversi*) e la regolazione è specifica e peculiare.

Questo è uno degli istituti fortemente regolato dal diritto europeo, non soltanto in Italia.

20.   Trasferimento d'azienda (o di ramo d'azienda)

Il trasferimento d'azienda consiste in una intera trasformazione aziendale sotto il profilo economico e sotto il profilo giuridico. Il trasferimento d'azienda c'è sempre stato, è connesso all'economia di mercato. La dismissione dell'impresa dall'azienda non singifica la chiusura della stessa (situazione di difficoltà d'insolvenza, non continuazione dell'attività, etc.), ma è un evento ordinario nel mondo commerciale. L'azienda quindi può essere ceduta tutta o in parte: cessione che può avvenire a titolo di compra/vendita, affitto, etc. E' abbastanza fisiologico che in una società di mercato vi sia questa circolazione intensa delle attività economiche (beni patrimoniali, immobili, monetari).

La cessione è regolata dalle norme del codice civile ed è chiaro che quando si cede un'azienda avviene che si cedono tutti i cespi di attivi e passivi, crediti e debiti, contratti di qualsiasi genere. La cessione serve a regolare di questi rapporti giuridico-economici. La legge interviene per regolare la posizione del contraente ceduto. Si cedono i contratti di lavoro, le maestranze, etc.

Si pone il problema di tutelare i lavoratori sull'esito finale del rapporto lavorativo: azzeramento di anni d'anzianità, fondo pensioni integrative, trattamento di fine rapporto maturato, etc., che fine fanno? Bisogna tutelarli. Il Codice Civile regola in materia pregnante e garantista il trasferimento d'azienda: si è inteso specializzare la disciplina del trasferimento d'azienda.

Il trasferimento viene spesso accostato all'appalto, in quanto la situazione è abbastanza simile nella vicenda circolatoria: si può appaltare un servizio ponendo in essere una esternalizzazione affidandosi ad una società esterna, o si può fare la stessa operazione cedendo il ramo d'azienda. Il servizio di amministrazione del personale si può dare in appalto ad una società specializzata o si può cedere il ramo alla società specializzata, o si può affittare quel ramo alla società specializzata.

Cass. N. 21287/2005: Posto che il c.d. *Outsourcing* si può concretizzare con contratti d'appalto o con trasferimenti d'azienda, va esclusa la sussistenza del contratto di cessione di ramo d'azienda al cospetto della manifestazione della volontà delle parti volta palla stipula di un contratto di appalto di servizi ed in mancanza di prova di un intento elusivo comune alle parti.

La strumentazione giuridica può variare ma lo scopo e gli effetti sono sempre gli stessi. La normativa sul trasferimento d'azienda presenta una serie di garanzie per i lavoratori. La Cassazione chiede la dimostrazione dell'appalto elusivo, altrimenti la medesima operazione economica è possibile farla. E' noto che il fenomeno dell'*outsourcing* comprende tutte le possibili tecniche con la quale un'impresa dismette la gestione diretta di alcuni segmenti delle attività produttiva e dei servizi estranei.

Pur essendo uno strumento che persegue il medesimo obiettivo del contratto d'appalto di servizi giuridicamente è un istituto nettamente distinguibile. L'Art. 2112 ci dice che il contratto di lavoro prosegue con l'acquirente ed il prestatore di lavoro conserva i diritti dell'anzianità. L'istituto è garantista nella misura in cui bisogna tutelare i lavoratori esistenti prima della cessione: se c'è una cessione di ramo d'azienda l'obbligo del cessionario è quello di mantenere i lavoratori ed il livello occupazionale dell'azienda ceduta, ed anche i diritti d'anzianità.

L'unica norma di tutela è il principio di corresponsabilità: se l'appaltatore dovesse violare i diritti del lavoratore, il lavoratore può rivalersi sull'appaltante. Nel caso della cessione di ramo d'azienda c'è un problema di garanzia del rapporto di lavoro dei lavoratori precedenti che nel contratto d'appalto non c'è. E' così sentita a livello europeo l'esigenza di tutelare i lavoratori che già nel 1977 nell'epoca delle grandi direttive sociali significative, in una fase di crisi economica (non come quella di oggi) la Comunità economica europea decise di emanare una serie di direttive di tutela.

Originariamente il diritto europeo in materia di cessione d'azienda si porta appresso una struttura garantista tutelando i lavoratori in una situazione di crisi. La cessione d'azienda o di ramo d'azienda è il modo ordinario con cui l'impresa si organizza (c'è anche la disintegrazione verticale). E' un modo ordinario attraverso cui l'impresa si riorganizza continuamente per sostenere la competizione sempre più accentuata. Sia che sia per ragioni di crisi economica, sia che sia per riorganizzare per maggiore competitività, la disciplina applicata è sempre la stessa.

Cosa succede nel caso in cui siamo di fronte ad una ipotesi di trasferimento d'azienda legittima? Possono i lavoratori opporsi alla cessione del proprio contratto (v. rapporti civili di contratto)?

Il trasferimento d'azienda è costituito proprio per bypassare la volontà del singolo. Non è richiesto il consenso del lavoratore ceduto. E' vero che ci sono garanzie a favore dei lavoratori, ma contemporaneamente vi è una deroga al principio consensuale, in quanto il lavoratori non si possono opporre alla cessione. Quando c'è una operazione di questo tipo e sono in campo le condizioni di centinaia di lavoratori entra in gioco il sindacato: nel vecchio codice la cessione d'azienda avveniva mediante il rapporto di compra/vendita, ma si può cedere in tantissimi altri modo al giorno d'oggi. La vecchia dicitura era strettamente legata ad un lessico civilista più che lavorista. Non si usano più i termini alienante ed acquirente, ma cedente e cessionario. Il cedente è colui che perde la veste d'imprenditore, e il cessionario è colui che acquisisce la veste di imprenditore. Il diritto europeo è estremamente ultra pragmatico, e gli interessa l'obbiettivo finale ed è essenzialmente teleologico e finalistico.

Qualunque sia l'operazione il fine è sempre quello. Il giudice italiano parte da un antipodo, ed il giudice europeo parte da un altro polo; il giudice italiano è partito dalla compravendita, il giudice europeo da un porto assolutamente diverso. Si pone il problema se il trasferimento sia davvero una cessione contrattuale perché si mette in discussione la natura della compra/vendita (il giudice italiano dice che non c'è bisogno del contratto di compra/vendita, ci possono anche essere una serie di contratti differenti). Dall'ampia definizione della normativa europea anche un contratto singolo potrebbe essere messo in discussione. In Italia si dice che la cessione c'è anche con un singolo contratto, in Europa no. La giurisprudenza della Corte di Giustizia si è mossa in modo molto coerente e cauto nell'adattamento del modo diverso di vedere il diritto, non influenzato da altri diritto nazionali.

Questo metodo è stato adottato come *Ius proprium* e non deriva da altri diritti, senza che sia stato influenzato da altri sistemi. Affinché si abbia trasferimento, ciò che conta è che il soggetto titolare dei rapporti di lavoro nell'ambito di quella determinata attività economica cambi, non importa attraverso quale percorso giuridico.

La direttiva si applica in tutti i casi di cambiamento della persona fisica e giuridica che assume le obbligazioni del datore di lavoro. L'irrilevanza del percorso giuridico seguito per giungere ad un cambiamento del soggetto titolare dell'attività trasferita: non solo la vendita ma qualunque contratto. Le sentenze della Corte di Giustizia sono tanto vincolanti quanto la legge, quanto la direttiva (come la sentenza della Corte Costituzionale). Se la legge dello Stato è in contrasto con la sentenza della Corte di Giustizia, il governo nazionale deve disapplicare la legge.

Ai fini dell'applicazione della direttiva non è necessaria l'esistenza di rapporti contrattuali diretti tra il cedente e il cessionario, atteso che la cessione può essere effettuata anche in due fasi per effetto dell'intermediazione di un terzo. La sentenza della Corte di Giustizia è più forte di una sentenza della Corte Costituzionale. I dipendenti dell'impresa che cambia imprenditore, senza che vi sia trasferimento di proprietà, si trovano infatti in situazione analoga a quella dei dipendenti dell'impresa venduta.

Sempre più vi può essere trasferimento di ramo al di là della contrattualizzazione.

21.   Trasferimento senza "contatti"

Il trasferimento di ramo d'azienda è curato in modo specifico nel Diritto del Lavoro in queste vicende circolatorie. La materia è fortemente regolata dal Diritto dell'Unione con riguardo all'identificazione della fattispecie in ragione della predisposizione delle tutele. L'Art. 2112 iniziale prevedeva una vicenda circolatoria ricondotta al contratto di compra/vendita e l'azienda veniva fortemente considerata come un complesso materiale di beni, e implicava un trasferimento materiale. Queste due caratteristiche del trasferimento d'azienda si sono via via alleggerite e da un lato è possibile trasferire un concetto di azienda dematerializzata, dall'altro è possibile che la vicenda circolatoria si dia regolata non necessariamente da un contratto di compravendita ma sulla base della concezione della Corte di Giustizia, che molto finalisticamente potrebbe mostrare una circolazione a prescindere da qualsiasi contatto tra cedente e cessionario. La Corte di Giustizia arriva ad una concezione in cui quello che importa alla fine della vicenda circolatoria è che ci sia un cambio di titolarità della veste d'imprenditore e questa operazione configura (al di là del percorso giuridico) un trasferimento ai fini della normativa di tutela. Un intervento abbastanza forte sulla tradizione giuridica italiana attestata sul trasferimento mediante compra/vendita.

L'ipotesi estrema di trasferimento d'azienda o di ramo d'azienda più presa in considerazione è quella dell'appalto: c'è un soggetto che concede un appalto (azienda pubblica), e fra azienda cedente e cessionaria non c'è nessun contatto in quanto l'intermediario è l'appaltatore pubblico: alla base del triangolo non c'è formalmente alcun contatto. C'è un cambiamento di titolarità e si può tranquillamente applicare la normativa del trasferimento d'azienda con la possibilità d'individuare l'applicazione della normativa con l'intervento (il più delle volte) dei sindacati.

Questa operazione di coinvolgimento del sindacato non è volontaria, ma obbligatoria in quanto se il cedente non li coinvolge essi possono ricorrere di fronte al giudice per comportamenti anti sindacali ex art. 28 St. Lav. In questo esempio il committente ha rapporti con i committenti, ma i committenti non hanno alcun rapporto fra di loro: tra i fornitori di servizi non c'è alcuna relazione giuridica (cedente e cessionario non avrebbero implicazioni giuridiche tecniche in quanto non si instaurano rapporti giuridici). C'è un superamento forte della dogmatica civilista nazionale: qualsiasi negoziazione che anche alla lontana si possa intravedere come cessione, anche quando tra cedente e cessionario non vi siano rapporti di alcun genere.

La corte ha addirittura sfidato il senso letterale della parola, mostrando la qualunque volontà del cedente al di là della forma di trasferimento (con o senza rapporti intermedi). Secondo la giurisprudenza il cessionario ha l'obbligo di riassumere i dipendenti (garantendo anche i diritti maturati per anzianità di servizio). Anche senza accordo questa prassi di accordo, il raccordo e l'interscambio di dipendenti tra agenzie interinali conferiscono cessione d'azienda. L'ordinamento europeo tende a trasformare il nostro ordinamento in via di fatto da *civil law* a *common law*.

Nel sistema interno però non funziona così (nomofilachia): si fa una interpretazione uniforme, ma non esiste (come in Europa) l'elemento del precedente vincolante: non vi è obbligo di conformità. Se la Corte di Giustizia interpreta la direttiva in un certo modo, crea un precedente vincolante accolto adesso nel nostro ordinamento sulla base di ragionamenti (11 Cost., etc.) conformandosi in via di fatto. La sentenza sebbene emanata in via interpretativa vincola l'ordinamento interno. Il giudice interno è appendice periferica del sistema giudiziario europeo (non è solo giudice italiano ma anche europeo). Una volta qualora un giudice italiano vedesse non conformità ad una disposizione dell'Unione avrebbe dovuto sollevare la questione alla Corte Costituzionale, invece adesso il giudice (che ha il dubbio) può (se certo) disapplicare la disposizione, altrimenti (se c'è incertezza) sollevare di fronte alla Corte di Giustizia.

La Corte di Giustizia dice che la sua interpretazione diventa obbligatoria per tutti e deve essere obbligatoriamente interpretata secondo l'orientamento della Corte di Giustizia. Quando la Corte interpreta la direttiva è chiaro che questa finisce per conformare la norma interna che attua la direttiva europea in quanto le direttive devono essere recepite (non hanno applicazione diretta; necessita una intermediazione (norma interposta).

L'operazione di subentro nell'appalto implica comunque il trasferimento di un'entità economica (non l'azienda, fatta di costruzioni, materiali, edifici, etc.), in questo caso si deve parlare di una entità economica che abbia una finitezza, una sua individuabilità. Come si interpreta la figura di entità economica? Può essere anche una mera attività immateriale. E' chiaro che il fatto dei servizi prestati dal precedente imprenditore ed i servizi prestati dal precedente imprenditore non implicano l'esistenza del trasferimento dell'oggetto da un soggetto ad un altro, ma il trasferimento di una entità economica.

Cosa si trasferisce per aversi effettivamente un trasferimento d'azienda? Cosa è l'entità economica? E' stata inventata la nozione di entità economica (tipicamente europea) che dice che per aversi trasferimento è necessaria la presenza di una entità economica che dà un senso maggiore di materialità: istituto, complesso che abbia un suo spessore materiale e giuridico, etc. (l'attività economica è qualcosa di più immateriale). L'entità è un ufficio (materiale), l'attività è un servizio (immateriale). Quali sono gli indici di individuazione? Cosa implica definire trasferire una certa operazione trasferimento d'azienda? Qual è il discrimine di determinazione di trasferimento o meno?

L'elemento giuridico essenziale è che nel caso del trasferimento il lavoratore lo subisce e non può opporsi, invece nel caso di semplice cessione del contratto è necessario il consenso del ceduto. Ponendo in essere un trasferimento d'azienda, ed il giudice qualifica quella vicenda come mera cessione di contratto, il fatto che il lavoratore non abbia dato il consenso rende nulla la "cessione" in quanto serve il consenso del contraente ceduto.

Gli indici rilevatori della fattispecie trasferimento d'azienda:

●Cessione di elementi materiali

• Valore degli elementi immateriali (brevetti, marchi, *know how*)
• Trasferimento della clientela
• Riassunzione della maggior parte del personale

Quando si è di fronte a questi elementi allora si ha trasferimento d'azienda. Quando il gestore dei servizi aereoportuali cede una parte del pacchetto dei propri assistiti ad una nuova società in ragione degli obblighi di apertura del mercato dell'*handling* si cedono di fatto i contratti e la clientela, ma non avviene formalmente, ma come aggiudicazione della gara d'appalto. Anche secondo queste ipotesi si realizza quindi un trasferimento di ramo d'azienda (Giudice di Catania).

Il trasferimento di elementi patrimoniali (o immateriali) **non è** condizione essenziale affinché possa parlarsi del trasferimento di una entità economica che conservi la propria identità. Per accertare il ricorrere di una fattispecie di trasferimento d'azienda, occorre verificare **solo** l'identità dell'attività svolta prima e dopo il trasferimento, senza che il trasferimento di beni materiali di una impresa all'altra possa assumere rilievo decisivo. Nei settori dei quali l'attività si fonda essenzialmente sulla mano d'opera, un gruppo di lavoratori che assolveva stabilmente un attività comune può corrispondere ad una entità economica (Caso Schimdt).

Questa sentenza suscitò un enorme scalpore con critiche della dottrina e del mondo commerciale ed imprenditoriale: ci furono allora tentativi della Commissione di modificare il testo della direttiva (avendo superato il limite d'interpretazione dell'istituto): è necessario un concreto trasferimento di beni utilizzati per svolgere l'attività da un imprenditore ad un altro (ci vogliono dei beni materiali pertinenti e necessari). Non basta il trasferimento di un servizio, ma ci vuole un'organizzazione e una certa dotazione di beni.

La Corte di Giustizia lascia aperta una finestra di trasferimento estremo: nelle imprese-attività l'intera impresa è costituita semplicemente dalla mano d'opera (programmatori, *know how*, telelavoro, etc.) in cui è chiaro che l'organizzazione si identifica con l'attività (e quindi è un caso eccezionale: estremo). Se non esistono elementi materiali nel caso estremo (non perché vengono occultati) ma perché l'azienda non ne ha bisogno. Se l'attività necessita di beni allora questi devono essere trasferiti assieme al personale utilizzatore. C'è un tramonto della concezione dematerializzata: non si tratta di elemento normale ma la concezione europea è in netto allargamento delle ipotesi di trasferimento d'azienda.

Alcuni giudici italiani (nelle due sentenze di Cassazione e in una del Giudice di Milano) non si lasciano convincere da questa disposizione e resistono dicendo che il trasferimento di (sebbene di attività di bassa intensità organizzativa) meri lavoratori (pulizieri) non si comporta trasferimento d'azienda: è necessario il trasferimento di una attività come entità autonoma individuata prima del trasferimento e non identificata all'atto del trasferimento (autonoma, identificata e preesistente).

La seconda questione è quella che attiene alla tutela: i diritti e gli obblighi (nel diritto dei contratti) che nascono dall'istituto sono trasferiti al cessionario: si può rideterminare la condizione contrattuale, ma se ciò avviene all'interno del trasferimento d'azienda vi sono delle garanzie e delle tutele: tutela dei diritti acquisiti da anzianità di lavoro, e garanzia dell'occupazione. Il licenziamento del lavoratore può avvenire (ma non per causa del trasferimento) per altri motivi: crisi economica, comportamento, inosservanza regolamenti, assenteismo, etc.

Il cessionario deve mantenere i contratti collettivi applicati (fino alla scadenza), a meno che non li sostituisca con altri contratti collettivi (se l'imprenditore ne ha uno suo, lo può benissimo applicare). Quando si tratta di trasferimento di ramo gli effetti sono analoghi (anche se non si tratta dell'azienda nel suo complesso); ma come si fa a definire la porzione dell'azienda? Quali sono le caratteristiche del "ramo"? Molto spesso l'istituto finisce per avere un'ipotesi elusiva (trasferimento di "rami" ad aziende "bara" destinate al fallimento per ottenere un "licenziamento" di massa).

Le parti del contratto (con la nuova legge) possono mettersi d'accordo ad identificare l'autonomia del ramo costruendola all'atto della cessione (indebolendo molto il requisito della preesistenza). La giurisprudenza insiste molto però sulla visibilità precedente del "ramo": il "ramo" non si costruisce all'atto, ma deve preesistere, l'entità economica non si può inventare (ipotesi della vecchia legge) al momento del trasferimento. Il rischio è quello del trasferimento ad aziende "bara" per effettuare un licenziamento elusivo.

22. Flessibilità e precarietà.

Il Diritto del Lavoro è instabile, è sempre in divenire, e cambia continuamente. Le imprese possono utilizzare mano d'opera come lavoro subordinato ma anche al di fuori della sua regolamentazione. Il rapporto di lavoro si compone di inquadramento, retribuzione, orario di lavoro, e si estingue con il licenziamento. Il contratto a termine è il simbolo di precarietà per eccellenza, ed utilizzato più che altro per la mano d'opera femminile: maternità, famiglia, etc.

Gli istituti nuovi sono strumenti per flessibilizzare il lavoro dipendente rendendolo più accessibile. Essere precari è una grande disgrazia poiché evoca instabilità, incertezza, etc. Dire che è giusto lavorare flessibilmente è una affermazione che rinvia al modo di organizzazione delle imprese (diminuire o aumentare i volumi di produzione in base alla domanda di mercato), aumentare a dismisura la gamma dei prodotti. Produrre flessibilmente significa anche licenziare nei periodi di crisi, e l'Italia prevede la cassa integrazione per i disoccupati. La flessibilità può riguardare il tempo di lavoro, ma si può anche far riferimento alla retribuzione (adeguandola alla produttività v'è incentivo al lavoro), ma anche alla stessa tipologia di lavoro (anziché essere occupato a tempo indeterminato si può essere occupato in modo flessibile: a tempo determinato, part-time, etc.).

Aver un rapporto di lavoro stagionale è un grande vantaggio per uno studente. Mentre per uno studente il lavoro stagionale è un lavoro conveniente, per un adulto non lo è. Questa visione del lavoro come esperienza stabile è andata via, via frantumandosi, attraverso la regolamentazione giuridica che ha reso il rapporto di lavoro sempre più flessibile e sempre più incerto ed insicuro. A partire dalla fine del secolo scorso in Italia si è realizzata una frantumazione accentuata con una moltiplicazione di rapporti di lavoro flessibili a tal punto che si può parlare di distinzione tra i due tipi di rapporto.

Il lavoro flessibile si identifica con il lavoro precario, e vi sono rapporti più precari, altri meno (in quanto più stabili, ma sempre secondo comparazione relativa e non assoluta). Anche i lavoratori di grande industria vivono una situazione di insicurezza. I più stabili sono il co.co.co. ed il co.co.pro.: si lavora per un progetto che ha una durata annuale, biennale, etc. Poi vi sono i lavoratori somministrati che hanno un rapporto con l'agenzia. I lavoratori associati in cooperative sono più stabili di quest'ultimi ma sicuramente meno rispetto al lavoro dipendente a tempo indeterminato.

I lavoratori part-time non possono essere annoverati fra i lavori precari: si lavora meno, si guadagna meno, ma può essere a tempo indeterminato (anche se può esistere il part-time a tempo determinato, con l'incrocio di due flessibilità). Il contratto a termine è senza futuro, è un contratto che si esaurisce senza neppure un licenziamento, si estingue naturalmente: può essere una data certa, ma anche una condizione. Il lavoratore subordinato sa che prima o poi il rapporto di estingue, ed il rapporto è flessibile perché investe la condizione del tempo e non altri contenuti: è un contratto di lavoro subordinato a tutti gli effetti.

La tipicità deriva dal fatto che il contratto ha un termine finale, e l'unico elemento di differenza è quindi il tempo. La differenza col contratto part-time risiede nella prestazione, mentre il contratto a termine ha un termine finale. Il contratto è il contenitore, la prestazione è il contenuto.

Con il codice del 1865 il contratto a termine era l'unico insaturabile: il contratto a tempo indeterminato era vietato: il capitalismo stavasi affermando sulla servitù feudale della gleba, assieme alla rivoluzione industriale. Il lavoratore lo si tutelava vietandogli il contratto a tempo indeterminato; ma capendo che il capitalismo non funzionava, il codice corporativo tutela il lavoratore eliminando le preoccupazioni del codice del 1865. Il contratto a di lavoro si determina a tempo indeterminato in quanto non si poteva organizzare la propria vita non avendo una certezza sul futuro.

Questa regola però non faceva che rimanere un *flatus vocis* se non avesse una regolamentazione concreta con debita esecuzione. Negli anni '60 si è quindi cominciato a dare esecuzione alla tutela del lavoratore subordinato. Il massimo di rigidità è stata realizzato nel 1962: l'atteggiamento di disfavore del contratto a termine si afferma con la disposizione che prevede tale contratto come una eccezione regolando la tipicità dei casi. Si definiscono le ipotesi eccezionali, ed al di fuori di quelle ipotesi limitate il rapporto è illegittimo. Negli anni '60-'70 entra in vigore la riforma sul lavoro con la formula della stabilità con un sistema forte di garanzie.

Il 95% (orientativo) dei rapporti era solo a tempo indeterminato ed il datore poteva licenziare solo con molta difficoltà ed è stato il periodo di massima stabilità. Dagli anni '80 si vuole invece rendere più gestibile il contratto a termine. L'alternativa dell'uso del contratto a termine è quello che viene proposto oggi: abolire il contratto a termine ed abolire il licenziamento (o limitarlo fortemente). L'UE ha suggerito la flessibilità in un contesto di sicurezza.

➢ Prima del **1962** il contratto a termine era una eccezione, dopo lo si considera insostenibile. Vi era nella regolamentazione del **1962** sei ipotesi di lavoro a termine: stagionale (agricoltura, turismo), supplenza, servizio straordinario od occasionale, maestranza specializzata, spettacolo, trasporto aereo tra Aprile e Ottobre. Fuori da queste ipotesi il contratto a termine era vietato. Il contratto a termine può essere stipulato solo per iscritto (quello a tempo indeterminato si presume tale e si conclude anche oralmente). La pena prevista per la illiceità è la conversione a tempo indeterminato con il pagamento di tutta la durata dalla prima all'ultima prestazione.

➤   Nel **1987** viene ridotta la rigidità e vengono introdotte ipotesi autorizzate dai sindacati (contratti collettivi). I Giudici applicavano in modo strettissimo le ipotesi di tipicità, recidendo le ipotesi atipiche. La direttiva europea del 1998 rende competente l'UE in materia di lavoro, ed i primi due interventi furono in lavoro flessibile avendo attuazione con il D. Lgs. 368/2001.

➤   Nel **2001** si ammette il ("causalone") rapporto a termine a fronte di ragioni di carattere tecnico, organizzativo, produttivo o sostitutivo (tutto in astratto rientra: più nessuna limitazione). In Italia si ritiene che il contratto a termine è il contratto precario per eccellenza, e quando il legislatore assume una prospettiva diversa (2001 – Governo Berlusconi) v'è resistenza delle magistrature poiché i giudici del lavoro erano formati secondo la legislazione del lavoro precedente. Si fa esplodere l'impalcatura rigida: si sostituiscono le varie causali con la causale unica (Ma ci si è domandati se si trattasse di una decausalizzazione o una causalizzazione amplissima) con la piena liberalizzazione del contratto a termine.

Se il legislatore pone in essere una regolamentazione in contrasto con la direttiva europea non si deve attendere il giudizio di incostituzionalità: il giudice italiano può automaticamente disapplicare la legge (seppur ancor in vigore). Ci hanno pensato i giudici a ricostruire la limitazione: il ragionamento prevedeva illegittimità del rapporto in assenza di termine: l'esigenza deve essere eccezionale e non ricorrente. Il lavoro a termine è ammesso solo come *extrema ratio*, cioè quando, pur in presenza di un'occasione permanente di lavoro, sia inevitabile a causa dell'oggettiva temporaneità dell'occasione di lavoro, oppure anche quando sussista una qualche ragione che renda in concreto preferibile un rapporto a termine?

Il legislatore dice che la temporaneità basta al fine di aversi contratto a termine. Il Giudice ritiene che non basta la temporaneità: è necessaria l'eccezione, altrimenti il contratto a termine è illegittimo: bisogna assumere un'attività straordinaria e non più ordinaria.

Se si mettono i due strumenti sullo stesso piano viene meno la dialettica regola-eccezione. Lo Stato di diritto esiste perché v'è il legislatore che cristallizza la sua volontà, ed il giudice deve solo interpretare.

23.   Contratto a termine

Le nuove tipologie di lavoro di natura temporanea che hanno impresso il crisma dell'instabilità diventano sempre più importanti dal punto di vista della necessaria conoscenza e diventano sempre più in Italia la porta verso il mercato di lavoro, ed è sempre meno probabile che un datore proponga ai novelli o ai licenziati un contratto a tempo indeterminato. Man mano che i lavoratori vanno in pensioni e sono dei lavoratori a tempo indeterminato, questi vanno sostituiti con modelli contrattuali temporanei.

Il lavoro temporaneo è più diffuso: il mercato del lavoro è una porta girevole, che con la stessa facilità d'ingresso, vi è l'uscita. Tutte le forme del lavoro instabile sono modelli contrattuali che legittimano una uscita fisiologica dal mercato del lavoro. Questa situazione diventa in Italia particolarmente drammatica poiché i Governi hanno investito poco sugli ammortizzatori sociali. Non si trova lavoro, sia per chi ha già lavorato (disoccupati), sia per chi non ha mai lavorato (inoccupati).

Il contratto a termine è un contratto senza futuro per eccellenza, ed è segnato su una data finale, ed è stato regolato in Italia con disfavore: è un'eccezione e quindi il datore è autorizzato solo nei casi espressamente e tassativamente espressi dal legislatore. Ci si rende conto che assumere più facilmente con un contratto a termine è comunque una possibilità di lavoro: meglio lavoro a termine che nulla. Un datore di lavoro che si rende conto che un lavoratore è effettivamente utile e se durante le esperienze di lavoro ha investito in formazione è suo interesse procedere ad una stabilizzazione

All'interno di questi orientamenti si colloca la regolamentazione del contratto a tempo determinato. Ma è necessario di non allargare troppo le maglie in quanto vi è una frantumazione eccessiva del contratto di lavoro. Dopo la stagione degli anni '60-'70 era necessaria una sistemazione: il legislatore negli anni '80 ha trovato una soluzione, non lasciando questo potere all'imprenditore, ma si deferì la concessione ai sindacati. Questa soluzione è durata una quindicina d'anni e poi gli imprenditori si sono comunque dichiarati insoddisfatti. Negli anni '90 si realizza un fatto nuovo: la materia dei contratti atipici viene assunta come ordinaria e diretta dall'UE. Alla fine degli anni '90 la UE si fa carico d'intervenire anche su alcuni aspetti sociali, su materie tipiche della regolamentazione sociale. Una delle prime direttive è proprio quella su contratto a termine. Poiché si tratta di tutelare il lavoro in materia armonica ed uniforme.

Il legislatore ha recepito la direttiva europea ed ha colto l'occasione per modificare il contratto a termine: uno dei principi che viene sempre inserita in queste direttive è la c.d. clausola di non regresso: "Badate che quando tu Stato applichi una direttiva europea in materia sociale, non ne devi approfittare per far regredire i livelli di trattamento per peggiorare lo standard, perché l'UE serve ad attuare delle politiche sociali comuni".

CISL e UIL autorizzano il Governo ad emanare un D. Lgs. (il 368/2001) incidendo pesantemente sull'assetto precedente, giustificato dall'attuazione della direttiva europea. Nel 2001 la regolamentazione tassativa si capovolge e si legittima la stipula con il "causalone". Ma il "causalone" è una vera causa? Viene lasciato all'imprenditore la scelta sul regime del rapporto da stipulare?

Il contratto a termine e quello a tempo indeterminato sarebbero sullo stesso piano, ma allora: c'è un regresso? Il contratto a termine può essere regolato malgrado i vincoli europei in maniera del tutto libera e discrezionale? Il legislatore, quando c'è da regolare una riforma, deve fare i conti con i limiti di sistema (limiti della separazione dei poteri, limiti costituzionali, democratici, etc): il primo problema che si deve porre è la approvazione alle camere. I limiti ed i vincoli con cui ci si deve confrontare sono anche quelli oggi provenienti dall'ordinamento europeo e sono tanto stringenti quanto lo sono quelli costituzionali.

I vincoli sono: la direttiva è superiore alla legge interna, e l'interpretazione della Corte europea è vincolante per i giudici periferici (i giudici ordinari dei singoli Stati). Il legislatore ha interpretato ponendo l'esigenza che proviene dal mercato, la necessità d'aumento dell'occupazione liberalizzando il contratto a termine: l'UE dice di aumentare il più possibile il livello occupazionale, quindi il legislatore crede di trovarsi in linea (mirando alla quantità e non alla qualità).

La ricetta ha funzionato: dal 2000 al 2007 in Italia v'è stata una recessione latente (mancata crescita) con aumento dell'occupazione. Malgrado questo cambiamento la giurisprudenza cambia non commettendo un abuso: il legislatore neanche sta sbagliando nell'affermare di applicare la direttiva europea. Ma l'UE dice che il rapporto di lavoro normale è quello a tempo indeterminato, e bisogna evitare l'abuso della reiterazione del contratto a termine.

Il giusto utilizzo del contratto a tempo determinato sarebbe quello dei casi eccezionali, e non nella pratica ordinaria. Secondo l'interpretazione della Corte italiana ci sarebbero comunque vincoli andando a stringere ancora di più: se prima il datore sapeva tassativamente quando assumere a tempo, adesso deve provare l'eccezionalità. Se c'è iterazione, la sanzione è la conversione *ex-tunc* (fin dall'inizio). La regolamentazione, riguardando tutti gli Stati, non può che essere a maglie larghe.

La Cassazione trova un limite che serve ad interpretare la legge dello Stato recepito nel D. Lgs. 368/2001: poiché il contratto a termine è necessario un atto scritto e motivato. Questa interpretazione viene suffragata dalla Corte di Giustizia Europea. Quando ha finito per mettere in discussione l'interpretazione degli Stati, ha ritenuto illegittimi i principi prima ancora dei provvedimenti: la Corte di Giustizia Europea si comporta come una Corte Costituzionale giudicando sui principi universali.

Nel decreto legislativo 368/2001 era stata eliminata la regola della tassatività; nel 2007 sulla base delle giurisprudenze il Governo Prodi reinserisce questa norma: il contratto ordinario è quello a tempo indeterminato. Per aggirare i vincoli della giurisprudenza il Governo è intervenuto sulla tutela sostanziale, dicendo: "è consentita l'apposizione di un termine nel contratto a tempo indeterminato in casi particolari **anche se in relazione ad attività ordinarie del datore di lavoro**". L'ultimo inciso contraddice alla regolamentazione.

Ad oggi si deve impugnare entro 60 giorni il contratto considerato illegittimo, ed entro 9 mesi il ricorso giudiziario. Il conflitto tra giurisprudenza e legislatore continuerà. Il legislatore del 2001 ha introdotto ulteriori limiti nell'utilizzo del contratto a termine: il contratto di lavoro come regola deve essere a tempo indeterminato e non si può legittimare il caso in cui tutti i dipendenti dell'azienda siano a termine, quindi bisogna ricorrere alla contrattazione collettiva che prevede un tetto massimo di rapporti di una specifica regolazione: indeterminato, determinato, co.co.co., co.co.pro., etc.

Il legislatore è comunque sempre in linea con la direttiva europea, e ci sono alcune cause in cui le imprese non sono soggette a queste regolamentazioni di legge. Nella fase di avvio dell'aziende è possibile che si assuma il 100% di lavoratori a termine. Esistono tutta una serie di divieti in cui il datore non può comunque stipulare contratti a termine: in periodo di sciopero (comportamento anti sindacale), in situazione di crisi, quando non si rispettano gli obblighi di sicurezza.

I lavoratori a termine si computano per la reintegra solo se il contratto prevede un termine superiore ai nove mesi. Se manca la forma scritta il contratto invalido, nullo, inefficace, e si trasforma a tempo indeterminato: non deve essere solo scritto ma deve avere un contenuto particolare. I veri problemi del contratto a termine non derivano dall'iniziale termine: il problema della precarietà si realizza quando presso lo stesso datore di lavoro vengono stipulali più contratti, con un'attività discontinua.

Il contratto diventa una trappola di precarietà quando il datore reitera: interrompe e rioffre. Questa regolamentazione è considerata patologica, e la direttiva non regola (dice il legislatore) restrittivamente il contratto a termine, ma mette a disposizione possibilità che altrimenti non verrebbero offerte: diventa un abuso quando viene reiterato.

24.   Reiterazione, proroga e continuazione.

La direttiva dell'UE che recepisce l'accordo si preoccupa non tanto la legittimazione del contratto a termine (ogni Stato fa quello che vuole) purché resti il principio dell'eccezionalità, parità di trattamento (tranne per quegli istituti che in sé contengono una necessaria regolamentazione differenza: gratifica quinquennale, etc.). L'unica questione che la direttiva affronta con decisione è quella dell'abuso del contratto a termine reiterato (che è più di un germe di illiceità: una bestia feroce). Giuridicamente la possibilità di un contratto a termine nato come a termine finisce per essere reiterato non dà garanzie, soprattutto in ambito reddituale.

La tutela è abbastanza forte in quanto il lavoratore a termine ha le stesse garanzie del lavoratore subordinato. Un lavoro frammentario non integra quelle prerogative del lavoro decente che le organizzazioni internazionali perseguono. Il contratto a termine deve essere utilizzato una sola volta, e l'esito di quella esperienza dev'essere la stabilizzazione. La proroga è allungamento del contratto a termine, implica una novazione della sola clausola del termine, e non l'intero contratto, ma le parti non possono scegliere liberamente come applicare la proroga: la vecchia legge diceva che si può prorogare solo una volta, solo per la stessa durata, solo per lo stesso lavoro, per contingenze impreviste ed imprevedibili; la nuova legge dice che non si può superare il limite di tre anni per contratti minori a tre anni, ma alcuni hanno interpretato dicendo che se la proroga non può superare i tre anni, non si può stipulare contratti a termine superiori a tre anni, ma non tutti sono d'accordo (p.es.: Sebastiano Bruno Caruso).

E la riassunzione è la situazione apparentemente più normale, ma più abusiva.

Per la continuazione il datore deve contro prestare una maggiorazione: 20% in più per i primi dieci giorni, e del 40% dall'undicesimo giorno in poi. Questa è una tipica tecnica normativa volta a scoraggiare una ipotesi contrattuale a termine continuata oltre il termine medesimo. E' il datore di lavoro che continua il rapporto in quanto gestore dell'equilibrio economico, ma egli deve pagare di più.

Se il contratto era di soli sei mesi e perdura oltre il ventesimo giorno, e se era di oltre sei mesi, e perdura oltre il trentesimo, allora vi è una sanzione vera e propria: interviene la norma imperativa ed impone la compressione del contratto (rimane tale e quale ma viene invalidato il termine: viene travolta la clausola ma non il contratto che si trasforma a tempo indeterminato).

Qualora il lavoratore venga riassunto a termine entro un periodo di dieci giorni dalla data di scadenza di un contratto di durata fino a sei mesi, ovvero venti giorni della data di scadenza di un contratto di durata superiore ai sei mesi, il secondo contratto si considera a tempo indeterminato. Quando si tratta di due assunzioni successive a termine, intendendovisi per tali quelle effettuate senza alcuna soluzione di continuità il rapporto si considererà a tempo indeterminato.

Si presume *de iure* la frode alla legge senza necessità di prova. Se si rispetta l'intervallo la legge consente la reiterazione fatto salvo l'art. 1344 Cod. Civ. E' il giudice che deve discernere la frode. Qualora per effetto di successione di contratti a termine per lo svolgimento di mansioni equivalenti il rapporto di lavoro fra lo stesso datore di lavoro e lo stesso lavoratore abbia complessivamente superato i trentasei mesi comprensivi di proroghe e rinnovi, indipendentemente dai periodi di interruzione che intercorrono tra un contratto e l'altro, il rapporto di lavoro si considera a tempo indeterminato.

Se il contratto a termine è illecito prevede la conversione del rapporto in contratto a tempo indeterminato. Il contratto a termine nel pubblico impiego ha la stessa disciplina delle imprese private ma con alcune differenze, ma ad un certo punto la differenze si sono fatte così tante che il contratto a termine nel P.I. è stato regolato separatamente ed abbastanza differenziatamente. Lo stesso regime della conversione (privatistica) non può essere applicata *de plano* al P.I. in quanto in esso l'assunzione avviene per pubblico concorso.

Il legislatore è stato costretto a regolare diversamente il contratto a termine nel P.I. restringendo fortemente i diritti del lavoratore rispetto al dipendente privato. Una volta che è stato tolto il vincolo del pubblico concorso la P.A. ha inondato il P.I. di precari. Nel 2007 attraverso una regolazione di natura finanziaria è stata ristretta l'assunzione nelle P.A., ed è stato precluso il mercato del lavoro esterno, reintroducendo il pubblico concorso.

Con la Legge "Brunetta I" 133/2008 si riapre il mercato del lavoro esterno alle PP.AA. aggirabile con un concorso pubblico. La Legge "Brunetta II" 192/2009 è intervenuta nuovamente sull'argomento eliminando la vecchia disciplina del quinquennio liberalizzando ulteriormente.

Per il contratto a termine illecito nella P.A. non si prevede la reintegra (la conversione solo quando lo preveda il legislatore). La P.A. può rivalersi nei confronti dei dirigenti che hanno effettuato l'assunzione illegittima. La materia del contratto a termine è materia regolata dalla Unione Europea.

25.   *Part-Time*

I contratti *part-time* non sono alternativi al contratto di lavoro subordinato ma sono delle varianti di quest'ultimo. La differenza del contratto a termine e del contratto *part-time* risiede nel tempo: il *part-time* può essere anche a tempo indeterminato, ma ad orario ridotto entro uno stesso giorno; il contratto a termine ha una scadenza ma (come può anche essere *part-time*) è ad orario continuato. Su questo modello di contratto che riduce la durata del tempo normale concentra interessi generali.

Il legislatore interviene perché attraverso la promozione dei contratti *part-time* si vuole salvaguardare obiettivi di vari interessi: tre: sollecitare questa forma contrattuale significa andare incontro agli interessi di gestione dell'impresa. Il *part-time* è uno strumento di flessibilizzazione sotto il punto di vista temporale della prestazione. Il soggetto che più spesso usa il *part-time* è la donna di famiglia: proprio per non uscire il mercato del lavoro si accetta questa forma flessibile di rapporto.

Dando la possibilità di stipulare contratti atipici, alla fine si finisce sicuramente per mettere sicuramente a disposizione un lavoro, sebbene non "normale", che consente un incontro tra domanda ed offerta e complessivamente un aumento dell'occupazione. Il lavoro *part-time* è un lavoro che non funge da trampolino per la carriera: si produce in via di fatto una discriminazione lavorativa di chi lavora *part-time*, che maggiormente sono le donne.

Il *part-time* è stato fortemente incentivato dall'Unione Europea e si inserisce all'interno della direttiva dell'adattabilità del lavoro. A seconda dell'esigenza della produzione si ricorre al *part-time* anziché ricorrere ad esterni o straordinari all'interno di un'azienda. Un altro strumento è la riduzione dell'orario di lavoro: si lavora tutti meno creando più occupazione. Distribuendo meglio il tempo si può dare più spazio al lavoro *part-time*. Ogni ora in più rispetto alle 38 ore si deve pagare straordinariamente, ma con il *part-time* ci sono meno spese.

Bisogna pensare a contratti che incidano sul tempo consentendo pause poiché si volge verso una

direzione in cui la preparazione di alta cultura è
necessaria sempre: bisogna lavorare e studiare per
essere sempre aggiornati (p.es.: informatici, medici,
avvocati, etc.). Bisogna ripensare radicalmente il
rapporto tra studio e lavoro per potersi formare
continuamente. Il *part-time* si inserisce anche
all'interno di questa direzione che l'Unione Europea
sta auspicando: gli Stati devono darsi norme di legge
sulla regolamentazione del *part-time*.

In Italia il quadro regolativo è alquanto
complesso: la prima regolamentazione è avvenuta con
legge n. 863 del 1984, la quale è stata modificata dalla
Legge "Biagi", il c.d. Libro Bianco. Il *part-time* da
scelta libera comincia a trasformarsi in strumento
imposto dal datore. La linea critica che separa la scelta
libera al lavoro precario imposto sta proprio in questo
tipo di rapporto. Il massimo d'imposizione avverrebbe
nella conversione coatta dal tempo pieno a tempo
indeterminato al *part-time*. Ma il contratto *full-time*
non può essere trasformato unilateralmente in *part-
time* in quanto il contratto è legge fra le parti.

La legge definisce tempo pieno il contratto
ordinario regolato dalla contrattazione collettiva,
invece definisce tempo parziale il contratto individuale
regolato fuori dal tempo ordinario regolato dal
contratto collettivo (38 ore). Esiste il lavoro a tempo
parziale orizzontale (tutti i giorni, ma mezza giornata)

e quello verticale (tutta la giornata ma non tutti i giorni). Il contratto di lavoro può essere stipulato in due modi: stipulazione diretta (incontro di volontà nel mercato del lavoro); trasformazione di un *full-time*.

Mentre la stipulazione diretta è più fisiologica come ipotesi, la trasformazione (che dovrebbe essere volontaria) è soggetta a pressioni (il datore minacciando il licenziamento propone la soluzione del *part-time*), e quindi non può che essere guardata con sospetto dal legislatore sebbene dal contratto figuri la volontà genuina (con timbro della Direzione provinciale del Lavoro). Il legislatore deve pertanto tutelare questa posizione al fine di evitare abusi od elusioni della regola di legge. La trasformazione può avvenire solo per iscritto e non può essere imposto unilateralmente (dal datore). Il rifiuto della trasformazione non è giustificato motivo per il licenziamento.

Ma la trasformazione ha una garanzia tale da spingersi in diritto? Può il lavoratore esigere la trasformazione per questioni personali. La trasformazione del rapporto di lavoro da tempo pieno a tempo parziale può essere concessa entro sessanta giorni dalla domanda (la vecchia dicitura era: "avviene automaticamente" per le PP.AA.). Il *Part-time* non è un diritto come nel settore privato, e può essere modificato dal datore di lavoro: è necessario un contratto bilaterale. Solo i malati di cancro hanno il diritto al *part-time*.

Le imprese spendono meno ad assumere nuovi lavoratori a tempo pieno che trasformare quelli a tempo parziale (dati gli incentivi). Era previsto nel D. Lgs 61/2000 la trasformazione con prelazione, cancellato con la legge Biagi, e reintrodotto con la Legge Brunetta solo per coloro che volessero tornare al precedente regime *full-time* (chi quindi avesse già effettuale in senso opposto il cambiamento). Nel contratto a termine la funzione della forma è centrale, perché mentre 9,5 volte su 10 il contratto a termine è imposto, il contratto *part-time* può essere frutto di un incontro di volontà.

Prima del D. lgs. 62/2000 la giurisprudenza di Cassazione si espresse dicendo che la forma scritta prevista per la stipulazione del contratto di lavoro a tempo parziale, costituisce un requisito stabilito "*ad substantiam*" e non già "*ad probationem*" (Cass. 2231/1991). Ma visto che gli effetti della nullità erano paradossali il legislatore delegato del 2000 aggira la giurisprudenza.

26.   Varie tipologie di lavoro parziale

Sul finire del 1990 l'UE ha emanato delle regolamentazioni in materia di contratto a tempo parziale e contratto a termine, che non sono allo stesso modo desiderabili: rientrano entrambi in un più ampio quadro d'organizzazione d'occupabilità della Comunità Europea, ma quello a termine viene visto con sospetto in quanto generante precarietà, e con favore quello a tempo parziale. L'occupabilità e l'adattabilità alle esigenze dell'impresa vengono favorite in quanto destinano a conciliare i tempi di lavoro e di vita (in riferimento maggiormente alle donne).

L'elemento della volontarietà del lavoratore è fondamentale per ragioni di lavoro e di vita: la differenza è fondamentale e la regolamentazione è compiuta con ingenti tutele al fine d'evitarne l'abuso. Gli elementi del contratto *part-time* devono essere definiti, bisogna specificare tutto altrimenti sussisterebbe pericolo d'abuso e di mancanza di volontarietà. Il lavoro a tempo parziale si caratterizza quindi per l'orario ridotto della prestazione giornaliera.

Oltre al part-time orizzontale e verticale vi può essere quello misto (tre giorni la settimana, mezza giornata). Il principio volontaristico è pertanto a fondamento dell'intera disciplina del contratto a tempo parziale: la differenza è posta al fine di non ricadere nel tempo pieno (*full-time*). La trasformazione è circondata da cautele in quanto è guardata con sospetto (da *full-time* a *part-time*): il tempo parziale dev'essere scelto dal lavoratore, e deve essere convalidato dalla

Direzione provinciale del Lavoro e la volontà del lavoratore deve esser genuina e libera. In ogni caso, il rifiuto della trasformazione non può comportare e rappresentare un giustificato motivo di licenziamento.

Prima esisteva il diritto del lavoratore del P.I. alla trasformazione, ma adesso non esiste più. La legge 247/2007 ha mantenuto il diritto del lavoratore di vedersi trasformato il contratto qualora egli sia affetto da patologie oncologiche. Il contrario (da *part-time* a *full-time*) ha subito tutta una serie di vicissitudini, ma adesso è stato reintrodotto ma solo per coloro che già avevano effettuato la trasformazione di senso opposto.

Uno dei problemi maggiormente dibattuti in dottrina era la forma scritta (adesso risolto completamente), e di quale valore giuridico avesse (*ad substantiam* o *ad probationem*): i risultati erano paradossali qualora si scelse la forma *ad substantiam*: esclusione della clausola del tempo parziale, ma questa soluzione era insoddisfacente poiché veniva sublimata la volontà del lavoratore. Il part-time in quanto strumento tipico di gestione dell'occupabilità è un contratto rispetto al quale può benissimo misurarsi l'atteggiamento del legislatore come cartina di tornasole. La regolamentazione a partire dal 2000 è variata tre volte in dipendenza degli orientamenti politici.

Il contratto di lavoro a tempo parziale richiede l'indicazione della durata del tempo di lavoro e della sua distribuzione. La mancanza della clausola implica la conversione in *full-time* del contratto di lavoro. La sanzione in caso di mancanza della clausola di distribuzione non è così grave ma fa in modo che sia il giudice a decidere quali siano le modalità di distribuzione dell'orario di lavoro. Il lavoro supplementare è quello che fa estendere in durata il rapporto di lavoro e lo utilizza nel *part-time* orizzontale, in quello verticale o misto invece vi sono clausole di elasticità (quanto si lavora).

Le clausole flessibili consentono di variare la collocazione della prestazione lavorativa (quando si lavora). Anche nel contratto a tempo determinato è possibile instaurare prestazioni supplementari (e non solo nei rapporti a tempo indeterminato, come prevedeva il D. lgs. del 2000).

Il vecchio decreto legislativo prevedeva una chiarissima distinzione dei casi d'effettuazione di lavoro supplementare, ed, ove fosse previsto dal contratto collettivo, ed ove non fosse previsto, in ogni caso il lavoratore avrebbe dovuto prestare la volontà. Con la nuova disciplina invece qualora vi sia la previsione del contratto collettivo non era necessaria la volontà del lavoratore. Essendo il datore di lavoro liberato dalla doppia autorizzazione può costituire contratti con minori vincoli, e con molta più facilità rispetto al passato.

Un'altra forma di lavoro supplementare era prevista per il lavoro parziale verticale: la clausola elastica dev'essere contenuta nel contratto sottoscritta dal lavoratore, e le differenze tra orizzontale e verticale o misto risiede nella frequenza dell'accettazione: ogni volta o una volta per tutte. Durante la prestazione il datore potrebbe chiedere una prestazione straordinaria ed il lavoratore nel *part-time* verticale o misto accetta una volta per tutte.

Il regime giuridico di queste clausole elastiche e flessibili è stato modificato varie volte (Vecchio, Nuovo, Nuovissimo). Il principio della doppia chiave d'autorizzazione viene reintrodotto nel 2007: il consenso individuale implica la formalizzazione mediante atto scritto con un componente della RSA. Con l'assistenza sindacale si presume che vi sia certificazione di libertà e genuinità della volontà. Un ulteriore differenza sta nel preavviso che nel vecchio era previsto di dieci giorni, poi due, poi portato a cinque.

Il diritto di ripensamento non esiste più e non è stato sostituito o ridisciplinato. Ciascun *part-timers* veniva computato in proporzione del lavoro svolto in applicazione di tutte le leggi tranne in rapporto alla 300/70: ad oggi si tiene conto anche dello Statuto dei

Lavoratori, ed i *part-timers* vengono computati nella loro unità.

In passato nel P.I. esisteva un diritto di trasformazione del rapporto di lavoro ma con una regolamentazione strettamente legata con gli interessi amministrativi: la P.A. può servirsi dei *part-timers* per esigenze di costo ma con interessi diversi rispetto a quelli dell'impiego privato.

Il contratto di lavoro (*Job on call*) intermittente è stato introdotto nel 2003 ed è il più flessibile in assoluto del nostro ordinamento: il datore può definire l'*an* ed il *quantum* della prestazione. Non è una prestazione dietro retribuzione soltanto, ma disponibilità dietro indennità. Il lavoratore si mette a disposizione secondo i limiti stabiliti dalla stessa legge. Questa tipologia ha creato molti problemi d'inquadramento (alcuni l'hanno definito "non-contratto"). Nel rapporto di lavoro intermittente con obbligo di risposta non è ammesso rifiuto, salvo giustificato motivo da comunicare tempestivamente.

L'indennità di disponibilità manca nell'ipotesi di contratto di lavoro intermittente senza obbligo di risposta. Questa tipologia contrattuale era stata abolita nel 2007 per l'eccessiva flessibilità salvo alcuni settori (spettacolo, turismo). E' stato reintrodotto dalla Legge 133/2008 e ci sono tratti di disciplina simili: preavviso non inferiore ad un giorno, utilizzo di disoccupati meno di 25 anni e più di 45 anni. La clausola meramente potestativa (pagherò se vorrò) in diritto civile rende nullo l'intero contratto, ma nel rapporto di lavoro intermittente (ti chiamerò se vorrò) è stato previsto lecito.

Vi è il divieto di discriminazione che è norma fondamentale che non ha subito variazioni: parità di trattamento tra lavoratore *part-time* e lavoratore *full-time*. Se con la disciplina del *part-time* si voleva garantire l'occupabilità secondo la direttiva comunitaria, buona parte di questo deriva dalla giurisprudenza della Corte di Giustizia in materia discriminatoria per sesso. Statisticamente la maggior parte dei *part-timers* sono donne e si è cercato di disciplinare il divieto di discriminazione.

27.   Istituti del rapporto di lavoro subordinato

Dentro al rapporto di lavoro nascono diritti di natura personale del lavoratore in quanto persona, e non già perché meramente lavoratore. Nel rapporto di lavoro questi diritti personali hanno una tutela particolareggiata: diritto a non essere discriminati (riguardo al sesso, razza, religione, ideologia, età, abilità, orientamento sessuale, ritorsione personale, *mobbing*, etc.), diritto ad lavorare in un ambiente salubre (con limiti solo riferiti alla sola tecnologia), diritto alla *privacy* (nel rapporto di lavoro c'è una specializzazione della tutela dei dati personali che riguarda chiunque in un mondo globalizzato immerso nella rete internet), diritto alla tutela della dignità (oltre al *mobbing* vi sono pratiche vessatorie che ledono la persona: violenza sessuale, situazioni di emarginazione, vessazioni orizzontali, etc.); ma vi sono anche diritti "professionali" del lavoratore: Diritto alla professionalità (in quanto soggetto che svolge una funzione, quindi in quanto lavoratore, tutela della professionalità, diritto alla formazione permanente), diritto a gestire i tempi di non-lavoro (permessi per salute, maternità, paternità, ozio creativo, riposo), diritto alla retribuzione (che sia soddisfacente e dignitoso), diritto a non essere licenziati senza giusta causa e giustificato motivo (sicurezza del posto di lavoro, stabilità).

Il rapporto di lavoro è però sinallagmatico e pertanto anche in capo al lavoratore sorgono obblighi: dovere di fedeltà e non concorrenza (fisicamente ci si sforza di meno, ma c'è più stress psicologico, più competitività), dovere di lavorare con diligenza (giusto rendimento).

I poteri datoriali prevedono dei "comandi" che però sono ponderati da contrappesi di legittimazione:

investimento. Può esercitare l'impresa privata poteri assimilabili all'organo pubblico? Il Diritto del Lavoro riconosce l'esistenza di questo diritto ma lo limita, ma i poteri sono: potere di controllo della prestazione (controllo dei tempi, dei ritardi, della produttività, dell'attenzione, della diligenza, etc.), diritto del potere disciplinare (l'enorme potere di sanzionare con una pena che è di natura privata, l'unica), diritto al recesso (*ex* art. 41 Cost.), potere di organizzare il lavoro e la produzione (anche di esternalizzare, trasferimento di ramo d'azienda).

Marchionne è imprenditore, Agnelli è datore: chi prende le decisioni d'impresa è il *manager* (Marchionne), ma chi è il titolare dei diritti è il datore con i diritti di sospendere, interrompere, fondere, innalzare, etc. Questi provvedimenti del datore hanno forti ripercussioni sul lavoratore.

La retribuzione è un diritto contrattuale del lavoratore, ed è obbligo contrattuale del datore, e come tutti gli istituti del contratto di lavoro i riflessi di carattere generale sono immediati, ed alcuni istituti sono presi direttamente in considerazione dalla Costituzione. La retribuzione rileva costituzionalmente all'Art. 36, ma anche nelle leggi fondamentali di altri Stati. Le fonti legislative che riconoscono la retribuzione come diritto sono diverse: deve essere sufficiente, proporzionata alla quantità e qualità di lavoro. E' l'obbligazione principale del datore e la controprestazione principale che riceve il lavoratore.

E' importante capire subito che la retribuzione acquisisce significati sintomatici come obbligazione sociale di cui si deve far carico non solo il datore, ma anche lo Stato, la comunità e la Repubblica. La retribuzione è un diritto, addirittura costituzionale, ma non c'è diritto senz'azione: bisogna garantire la retribuzione sufficiente: legge sul salario minimo, contratto collettivo. L'art. 36 può essere invocato in tribunale? E' questa una norma precettiva?

I primi commentatori hanno dichiarato che è una norma programmatica che necessità dell'intervento legislativo al fine di realizzare una normazione di grado ordinario vigente e richiamabile in tribunale, direttamente applicabile dall'interprete. Alla fine degli anni '50, dopo l'inefficacia dei Decreti Vigorelli[5]

---

[5] Furono denominati decreti Vigorelli i decreti legislativi emanati in base alla legge 14 luglio 1959 n. 741 (proposta dal ministro del lavoro Ezio Vigorelli), con la quale il Parlamento italiano delegò il Governo a recepire in un atto avente forza di legge i contenuti dei contratti collettivi di diritto comune stipulati sino a quel momento, al fine di assicurare minimi inderogabili di trattamento economico e normativo a tutti gli appartenenti ad una stessa categoria. Contro la legge Vigorelli furono avanzati da più parti dubbi di legittimità costituzionale anche perché attribuiva di fatto ai sindacati la potestà di introdurre, sia pure tramite l'interposizione di un decreto legislativo, delle norme di legge, in senso formale, senza nemmeno passare dai vincoli di una legge attuativa dei principi fissati dall'art 39 della costituzione.

(meccanismo extracostituzionale decretizio), mancando la volontà politica sulla normazione del salario minimo (che avrebbero messo fuori gioco molte aziende del Sud), ci pensò la Cort. Cost. eccentrica com'era con una serie di sentenza che indicavano una strada: si accettava il principio fissandolo precettivo, applicandolo direttamente.

E' la giurisprudenza che pur di poter attuare l'art. 36 finisce per sostenere la contrattazione collettiva. Bisogna creare una soluzione che non vada fuori o addirittura contro la legge costituzionale: deve essere addentellata al diritto positivo: bisogna interpretare (creativamente) e non creare la norma. C'è una norma, l'art. 2099 comma 2 Cod. Civ., che non è stato abrogato: quando mancano i contratti corporativi è il giudice a definire la retribuzione equitativamente. La norma viene applicata non solo quando manca il

---

La Corte costituzionale superò le obiezioni sollevate in base alla considerazione che la legge delega era «provvisoria, transitoria ed eccezionale». Minor fortuna ebbe la legge di proroga che il Parlamento approvò l'anno successivo, la quale, non potendosi più considerare "eccezionale", fu dichiarata dalla Corte costituzionalmente illegittima per contrasto con l'art. 39 Cost.

Tra i tentativi legislativi di estendere con efficacia *erga omnes* l'ambito di efficacia dei CCNL di diritto comune va inoltre ricordato l'art. 36 dello Statuto dei lavoratori (l. 300/70), che impone all'appaltatore di opere pubbliche di applicare ai propri dipendenti condizioni non inferiori a quelle previste dalla contrattazione collettiva. Il medesimo obbligo è imposto dalla legge 389/89 all'imprenditore che voglia fruire della c.d. fiscalizzazione degli oneri sociali.

contratto collettivo, ma anche quando c'è un accordo tra le parti in violazione del principio precettivo della sufficienza, quindi in presenza di accordi con minimi insufficienti (poiché i contratti collettivi esistono, e non mancano, ma non vengono adottati dalle parti).

I giudici hanno utilizzato i contratti collettivi come parametri del giudizio di adeguatezza della retribuzione e come punti di riferimento della consequenziale operazione correttivo-integrativa è stato ampio. Questo meccanismo è stato utilizzato in moltissime varianti amplissime facendo venir fuori le tesi "regine".

28.   La tesi "regina" dell'efficacia soggettiva del contratto collettivo

Ci sono due angoli prospettici da cui poter osservare la retribuzione: obbligazione sociale (secondo la Costituzione) ed obbligazione come corrispettivo (secondo il Codice Civile, artt. 2094 e 2099). Sull'art. 36 Cost. i giudici hanno realizzato un'operazione fortemente creativa dal punto di vista tecnico trasformando tale articolo in una norma precettiva. Il giudice nella sua discrezionalità ha deciso per una questione d'equità sociale essere l'art. 36 una norma precettiva fin dagli anni '50. Essendo il precetto della sufficienza alquanto generica era necessaria una specificazione.

Il diritto vivente pertanto mediante fonti normative assemblate dalla giurisprudenza crea il precetto del salario minimo, invece in relazione al Codice Civile si applica direttamente l'articolo 2094 e ss., e la tesi del combinato disposto tra quest'articolo ed il 36 Cost. è la tesi "regina", la quale importanza è data sulla base del fatto che l'efficacia soggettiva gode di maggiori consensi nella giurisprudenza. Nelle tabelle retributive – dice il giudice - dei contratti collettivi possono ravvisarsi quei momenti di equilibrio tra confliggenti interessi per un tal giudizio equitativo, ma i contratti collettivi non sono efficaci *erga omnes* poiché richiamati dal giudice medesimo: il giudice nell'applicazione della Costituzione si guarda intorno e richiama taluni parametri senza creare cogenza.

Il giudice interviene non solo quando manca l'accordo, ma anche quando l'accordo e subdisciplinato. Quando si deve creare un'interpretazione nuova si implica la retorica e non la scienza: un giurista a qualunque livello deve convincere i suoi interlocutori e non dimostrare la verità oggettiva scientifica, il giurista è un retore alto, e ci sono varie tecniche argomentatorie. L'applicazione di contratti collettivi non deriva dalla loro giuridica obbligatorietà ma da una sorta di presunzione di corrispondenza tra minimi contrattuali collettivi e retribuzione sufficiente ai sensi dell'art. 36 Cost. cui il lavoratore ha diritto.

Il giudice può applicare (spesso) come può non applicare il contratto collettivo, seguendo altri orientamenti: ISTAT, usi territoriali, etc. e qui risiede la distinzione tra lavoro subordinato e lavoro parasubordinato. I lavoratori coordinati e continuativi non sono lavoratori subordinati e quindi non si parla di retribuzione, pertanto non si applica a questi la tesi regina. Dal punto di vista esegetico e tecnico sicuramente il primo argomento che esclude l'applicazione della tesi è la mancanza della subordinazione: l'eventuale norma che difende i lavoratori in violazione del principio d'uguaglianza è la Legge Biagi, la quale prevede che la remunerazione deve essere proporzionale alla qualità e quantità di lavoro in relazione agli usi legati a quell'opera o a quelle opere.

Solo la legge potrebbe ammonire sulla necessità di fissare minimi per le collaborazioni coordinate e continuative a "cerchi concentrici": un reddito minimo dev'essere garantito a tutti vuoi che sia di subordinazione, vuoi che sia di co.co.co.. Il giudice non è obbligato ad utilizzare i contratti collettivi ma il 95% dei casi vengono applicati. La non obbligatorietà (se fosse obbligatorio il contratto collettivo sarebbe applicato come legge) delle clausole del contratto collettivo comporta che i giudici abbiano un margine di discrezionalità, e la più grande manipolazione è stata compiuta dal legislatore nel pubblico impiego applicando un principio senza però dichiararlo venendo avallato dalla Corte Costituzionale, e si è arrivati a questo obiettivo senza violare l'art. 39 Cost. con un *escamotage*: stabilendo che nel P.I. vale il principio di parità di trattamento con l'applicazione di una tariffa, non già perché quindi il contratto collettivo sia (o meno come non è) obbligatorio.

Poiché tutte le amministrazione sono rappresentate dall'ARAM, queste devono tutte applicare il contratto collettivo dell'ARAM, ma questo contratto collettivo non è obbligatorio, ma l'effetto è identico al caso in cui p.es.: il contratto collettivo sia obbligatorio. Il contratto collettivo non si adatta alla realtà geografica, ma si attesta sulla media, quindi un'impresa con quattro lavoratori non applicherà mai il contratto. La Corte di Cassazione si fa custode del principio ed essa funge da semaforo della retribuzione equa sindacando i casi *in peius*. Anche nelle ipotesi più ragionevoli bisogna verificare che si abbia una condizione giustificata per determinare una retribuzione inferiore.

Il giudice deve motivare la determinazione inferiore rispetto alla contrattazione collettiva: la

Cassazione effettua un controllo di merito attraverso la motivazione. La determinazione di una retribuzione inferiore non può però trovare una condizione in materia ambientale, culturale, economica, sociale depressa: non si può dire che il costo della vita sia inferiore. La determinazione della giusta retribuzione non può essere giustificata sulla base della condizione di lavoro dell'area geografica: non può essere addotta la disoccupazione.

Di recente la Cassazione ha dichiarato un correttivo nel 1998: fermo restando che non si può giustificare sulla base del mercato depresso, tuttavia se circolano contratti collettivi aziendali che prendono atto della depressione economica derogando i contratti collettivi nazionali, è ammissibile una tariffa contrattuale minore.

29.   Il recesso dal contratto di lavoro

Il parametro di riferimento per la retribuzione sufficiente è il contratto collettivo per la giurisprudenza leggittimizzatrice con una doppia garanzia: quella dei lavoratori e quella del sindacato, fornendo una particolare forza cogente al contratto collettivo. Il giudice tecnicamente non è obbligato ad applicare il contratto collettivo, può discostarsi, ma la Cassazione è abbastanza rigida. La struttura della retribuzione è molto articolata contenendo anche voci dedicate alla sufficienza. Una sentenza del 2008 ci dice che in tema di adeguamento il giudice di merito non può far riferimento a tutti gli elementi retributivi che concorrono a formare l'intera retribuzione, ma deve prendere in considerazione solo gli elementi costituzionalmente previsti.

Rispetto al problema della possibilità che a livello aziendale e territoriale possano costituirsi retribuzioni inferiori, un recente accordo interconfederale ha regolato questa possibilità: se a livello territoriale o aziendale per giustificato motivo derogano il contratto collettivo, allora non saranno illegittimi i contratti individuali con una retribuzione sotto la sufficienza. Possono derogare *in peius* solo quando c'è crisi con un accordo interconfederale: **al fine di governare direttamente nel territorio situazioni di crisi aziendali o per favorire lo sviluppo economico ed occupazionale dell'area, i contratti collettivi nazionali di lavoro di categoria possono consentire che in sede territoriale, fra le Associazioni industriali territoriale e le strutture territoriali delle Organizzazioni sindacali stipulanti il contratto medesimo, siano aggiunte intese per modificare, in tutto o in parte, anche in via sperimentale o temporanea, singoli istituti economici o normativi**

disciplinati dal contratto collettivo nazionale di lavoro di categoria.[6]

A volte le pronunce dei giudici autorizzano divergenze del 20%-30% in modo molto osteggiato dalla Cassazione, e l'unica concessione che la suprema Corte tende a fare è solo quando esistano contratti territoriali con determinazione e consenso delle organizzazioni sindacali.

Si pone il problema della parità di trattamento e se questo è previsto dai contratti collettivi: dall'art. 36 Cost. si evince questa tutela? Può il datore pagare di più chi è più puntuale e laborioso? Nel settore privato sulla base dell'art. 41[7] sarebbe anche legittimo organizzarsi per proprio conto, ma nel settore pubblico ovviamente non è assolutamente previsto. Il limite nell'impresa è il divieto di discriminazione per sesso.

Le statistiche degli ultimi anni hanno dimostrato un crescendo preoccupante di licenziamenti che confutano coloro i quali affermano l'impossibilità di licenziamento: il tasso di *turnover*[8] è più alto di altri

---

[6] Non presente nel manuale di "Le relazioni Sindacali", ma altrettanto importante.

[7] L'iniziativa economica privata è libera. Non può svolgersi in contrasto con l'utilità sociale o in modo da recare danno alla sicurezza, alla libertà, alla dignità umana. La legge determina i programmi e i controlli opportuni perché l'attività economica pubblica e privata possa essere indirizzata e coordinata a fini sociali.

[8] In un'azienda, sostituzione del personale che ha cessato il rapporto di lavoro, e s'intende la rotazione, il rinnovo o la sostituzione del personale collocato a

paesi, c'è un grandissimo flusso in uscita e le aziende ampliano e restringono l'occupazione in maniera molto elevata. Soltanto come *extrema ratio* l'imprenditore italiano utilizza il licenziamento del lavoratore stabile, ma drammaticamente al giorno d'oggi vi sono instabilità pure nel lavoro a tempo indeterminato.

Il recesso è una volontà unilaterale di recedere prima dell'estinzione del contratto o al di là dell'estinzione automatica del contratto. Il recesso è una causa tipica d'estinzione del contratto di lavoro. Dal contratto si recede volontariamente ed il rapporto si estingue automaticamente dopo dal recesso dal contratto. Le ipotesi minori d'estinzione sono: risoluzione consensuale, maturazione del termine finale, impossibilità sopravvenuta, morte del lavoratore. Il recesso unilaterale può riguardare entrambi i contraenti, e si tratta della causa di estinzione del rapporto di lavoro più rilevante dal punto di vista normativo e sociale (per il lavoratore consiste nelle dimissioni, per il datore nel licenziamento).

I codici liberali consideravano il recesso una volontà libera riconosciuta paritariamente alle medesime condizioni ad entrambe le parti. Il Codice del 1865 guardava con sfavore il vincolo perpetuo, ed il recesso era *ab nutum*, con assoluta libertà, senza

riposo. La velocità del turnover può essere alta (nei periodi di piena occupazione) o bassa (nei periodi di stagnazione).

motivazione. Nel codice del 1942 all'art. 2118[9] il recesso è stato regolamentato, con la presenza del preavviso (o con una scadenza, o con immediatezza ma col pagamento del tempo di preavviso), senza obbligo di motivazione. L'unico limite posto alle parti è quindi il preavviso (negli USA non esiste questo limite). Il datore ed il lavoratore non devono motivare e proprio nell'obbligo di motivazione risiede il controllo, e senza controllo non c'è limite.

Fin quando si può liberamente licenziare non c'è alcun vincolo: ma c'è una falsa parità in quanto ha più potere il datore, la cui scelta non è controllata (i recessi avvengono più spesso per licenziamento: legittimato dall'art. 41 "libertà d'organizzazione ed iniziativa economica"). Fa da contraltare però l'art. 4 Cost.: Diritto al Lavoro[10]. Al contrario del modello americano, quando il datore vuole liberarsi del

---

[9] Art. 2118 c.c.: Recesso dal contratto a tempo indeterminato.
Ciascuno dei contraenti può recedere dal contratto di lavoro a tempo indeterminato, dando il preavviso nel termine e nei modi stabiliti (dalle norme corporative), dagli usi o secondo equità (art. 98). In mancanza di preavviso, il recedente è tenuto verso l'altra parte a un'indennità equivalente all'importo della retribuzione che sarebbe spettata per il periodo di preavviso. La stessa indennità è dovuta dal datore di lavoro nel caso di cessazione del rapporto per morte del prestatore di lavoro.
[10] La Repubblica riconosce a tutti i cittadini il diritto al lavoro e promuove le condizioni che rendano effettivo questo diritto. Ogni cittadino ha il dovere di svolgere, secondo le proprie possibilità e la propria scelta, un'attività o una funzione che concorra al progresso materiale o spirituale della società.

lavoratore senza pagare il preavviso (ipotesi estrema) bisogna motivare. La motivazione obbligatoria è controllo, ma entro il Codice Civile il controllo è limitato alla valutazione relativa alla necessità o meno del preavviso e non altro.

La giusta causa (che è una clausola generale) viene determinata dal giudice, e nel Codice Civile si dava un regime di libera recedibilità (prima del 1966). Il codice però strideva col disposto della Costituzione (in particolare dell'art. 4: Diritto al Lavoro), che sta alla base di una legificazione nel senso di una riduzione sempre più evidente dell'area della libera recedibilità. Per licenziare il datore deve giustificare essendo così controllato, e se chi controlla ritiene esserci l'ingiustificazione, allora può sanzionare con un bel pagamento di un risarcimento, o con una riassunzione o con una reintegrazione.

L'intera evoluzione normativa si pone intorno a due principi: man mano il legislatore seleziona le ipotesi di recesso legittimo da quello illegittimo, e nella misura in cui vengono posti limiti al potere di licenziamento sorge il corollario del controllo. Perché ci ha messo tanto la Cort. Cost. a limitare il potere del datore la libertà di recesso? La Cort. Cost. non ha riconosciuto il valore precettivo dell'art. 4 Cost. Il successivo intervento in Italia è stato la Legge 604/1966.

30.   Licenziamento

La Corte Costituzionale nel 1965 dice che non è possibile porre limiti in via giurisprudenziale, ed il principio dell'art. 4 Cost. non è precettivo ma programmatico, al contrario dell'art. 36. Il legislatore ascoltando la voce della Corte emana una legge non del tutto nuova, con una regolamentazione già prevista da un accordo interconfederale nel 1950. Il sistema attuale nasce quindi nel 1966 inserendo limiti al licenziamento (autorizzando il giudice a giudicarne la legittimità) e delle eventuali sanzioni. Il giudice è il solo che può valutare la legittimità di licenziamenti (a differenza della Francia che adopera un organo amministrativo).

Quando si può legittimamente licenziare un lavoratore? Non esiste più il licenziamento libero (Sistema USA), ed è un atto causale, deve avere una ragione economico-sociale: si può licenziare solo in presenza della giusta causa ma anche per giustificato motivo. Quali sono le conseguenze del licenziamento illegittimo? O il risarcimento del danno (il licenziamento è efficace, ma il datore è costretto a pagare un risarcimento del danno causato da questo) o nella reintegra nel posto di lavoro (il licenziamento non è efficace, il datore è obbligato a rimettere le cose a posto). Il risarcimento non è satisfattivo; il nostro sistema attuale è misto.

Il principio di causalità è stato recepito dalla Carta di Nizza, all'art. 30: "Ogni lavoratore ha il diritto contro ogni licenziamento ingiustificato, conformemente al diritto comunitario e alle legislazioni e prassi nazionali." La giusta causa non è più vincolata al preavviso: si deve trattare di **gravissimo** inadempimento delle obbligazioni contrattuali. Il giustificato motivo (soggettivo) prevede un **notevole** inadempimento delle obbligazioni contrattuali, e (quello oggettivo) ragioni attinenti all'attività produttiva (con una differenza di tipo **quantitativo** tra gravissimo e notevole), all'organizzazione del lavoro ed al regolare il funzionamento di essa (esulando da ogni tipologia comportamentale del lavoratore).

La giusta causa è quella che consente il licenziamento immediato, il giustificato motivo esige il preavviso: essendo una differenza quantitativa per la gravità della prima non si può tollerare neanche un giorno in più del lavoratore: si tratta di un gravissimo inadempimento contrattuale. Si può licenziare in tronco per una questione che riguarda le obbligazioni contrattuali (comportamentali, fedeltà, sicurezza), o si può controllare anche la vita del lavoratore? Esempio: Un cassiere di fiducia di una banca viene scoperto come giocatore d'azzardo col vizio del gioco, non viene meno a nessuna obbligazione contrattuale però; cosa succede?

E' vincolato il giudice alle definizioni (tipizzate) di giusta causa e giustificato motivo? Tiene conto delle tipizzazioni di definizione di giusta causa e di giustificato motivo ex art. 3 L. 183/2010. Poiché la legge non può vincolare l'interpretazione del giudice, non può vincolare questo all'utilizzo delle tipizzazioni: il giudice deve essere libero nella sua interpretazione.

La malattia prevede la sospensione degli obblighi contrattuali, ma chi non si cura nel periodo di malattia crea un danno al datore in quanto ritarda il ripristino della salute. La condotta inerente alla vita privata del lavoratore, di norma irrilevante ai fini della lesione del rapporto fiduciario tra dipendente e datore di lavoro, può integrare giusta causa di licenziamento qualora fatti e comportamenti estranei alla sfera del contratto siano tali a far venire meno quella fiducia che integra presupposto essenziale della collaborazione tra datore e prestatore di lavoro. Nel caso di giusta causa di licenziamento, i fatti addebitati devono rivestire il carattere di grave negazione dell'elemento della fiducia.

31.   Influenza della responsabilità penale nel rapporto

Il proscioglimento esclude sempre la sussistenza di una giusta causa di licenziamento? La responsabilità penale incide sul rapporto di lavoro tanto da giustificare il licenziamento? Il giudice del lavoro deve farsi influenzare dalla sentenza penale del lavoratore?

Qualora il reato si fermi alla fase preparatoria non c'è sussistenza di responsabilità, quindi sentenza di proscioglimento, ma ancorché questi comportamenti non fanno sorgere responsabilità penale, sono fatti acclarati che fanno sciogliere il rapporto fiduciario e quindi integrano interamente la giusta causa civili ai fini del licenziamento. Il giudice civile non sarebbe assolutamente vincolato alla sentenza penale. Il giudicato penale dopo il licenziamento considerato valido per giustificato motivo oggettivo in caso di applicazione di misure restrittive della libertà personale.

Possono rilevare quindi anche fatti estranei al rapporto di lavoro ma con la dovuta contestualizzazione che si misura rispetto ad un dato saliente, senza considerare l'entità del danno patrimoniale, indipendentemente della sentenza penale. Nella nozione procedurale i giudici hanno operato una fusione tra giustificato motivo soggettivo e la giusta causa. E' stato introdotto l'elemento del licenziamento disciplinare ed è una fattispecie che trascende e sussume il giustificato motivo soggettivo e la giusta causa.

L'art. 7[11] dello Statuto dei Lavoratori non regola il licenziamento disciplinare, ma le sanzioni

---

[11] Le norme disciplinari relative alle sanzioni alle infrazioni in relazione alle quali ciascuna di esse può essere applicata ed alle procedure di contestazione delle stesse, devono essere portate a conoscenza dei lavoratori mediante affissione in luogo accessibile a tutti. Esse devono applicare quanto in materia è stabilito da accordi e contratti di lavoro ove esistano. Il datore di lavoro non può adottare alcun provvedimento disciplinare nei confronti del lavoratore senza avergli preventivamente contestato l'addebito e senza averlo sentito a sua difesa. Il lavoratore potrà farsi assistere da un rappresentante dell'associazione sindacale cui aderisce o conferisce mandato. Fermo restando quanto disposto dalla legge 15 luglio 1966, n. 604, non possono essere disposte sanzioni disciplinari che comportino mutamenti definitivi del rapporto di lavoro; inoltre la multa non può essere disposta per un importo superiore a quattro ore della retribuzione base e la sospensione dal servizio e dalla retribuzione per più di dieci giorni. In ogni caso, i provvedimenti disciplinari più gravi del rimprovero verbale non possano essere applicati prima che siano trascorsi cinque giorni dalla contestazione per iscritto del fatto che vi ha dato causa. Salvo analoghe procedure previste dai contratti collettivi di lavoro e ferma restando la facoltà di adire l'autorità giudiziaria, il lavoratore al quale sia stata applicata una sanzione disciplinare può promuovere, nei venti giorni successivi, anche per mezzo dell'associazione alla quale sia iscritto ovvero conferisca mandato, la costituzione, tramite l'ufficio provinciale del lavoro e della massima occupazione, di un collegio di conciliazione ed arbitrato, composto da un rappresentante di ciascuna delle parti e da un terzo membro scelto di comune accordo o, in difetto di accordo, nominato dal direttore dell'ufficio del lavoro. La sanzione disciplinare resta sospesa fino alla pronuncia da parte del collegio. Qualora il datore di lavoro non provveda, entro dieci giorni dall'invito rivoltogli dall'ufficio del lavoro, a nominare il proprio rappresentante in seno al collegio di cui al camma

disciplinari. E' una norma che serve a delimitare uno dei poteri fondamentali dell'Impresa come autorità privata. Questo potere proprio perché è forte dev'essere sottoposto a controllo e la limitazione avviene sulla base di norme procedurali: la prima regola procedimentale è darsi un codice disciplinare e pubblicarlo. Il datore non può irrorare sanzioni senza previamente aver contestato l'addebito al lavoratore ed averlo sentito a sua difesa: il contraddittorio deve prevedere il diritto di difesa.

E' una sorta di giustizia privata bilaterale ma dove il giudice è una delle parti: è un fenomeno molto particolare in quanto il datore è inquirente e giudice. Se il licenziamento è qualificato come sanzione disciplinare si applica l'art. 7 dello Statuto (contestazione dell'addebito, difesa del lavoratore assistito, se vuole, dal sindacato), ma se non è qualificato come sanzione disciplinare si applica la disciplina della Legge 604/1966 in quanto disciplina ordinaria (comunicazione per iscritto del recesso, possibilità di richiedere i motivi entro 15 giorni). La soluzione giurisprudenziale è quella del licenziamento come sanzione ontologicamente disciplinare.

---

precedente, la sanzione disciplinare non ha effetto. Se il datore di lavoro adisce l'autorità giudiziaria, la sanzione disciplinare resta sospesa fino alla definizione del giudizio. Non può tenersi conto ad alcun effetto delle sanzioni disciplinari decorsi due anni dalla loro applicazione.

Quanto ad efficacia scomparirebbe il licenziamento per giusta causa, non potendo licenziare immediatamente. L'art. 6 della legge 604/1966 dice che il licenziamento deve essere impugnato a pena di decadenza entro 60 giorni, dalla ricezione della comunicazione, ovvero dalla comunicazione del motivo ove questa non sia contestuale a quella del licenziamento. Il licenziamento si può impugnare anche con mezzi extragiudiziari, p.es.: con una lettera dove si dichiara formalmente di impugnare il licenziamento.

L'impugnativa può essere giudiziale (impedisce, in ogni caso la decadenza), stragiudiziale (qualsiasi atto idoneo a rendere nota la volontà del lavoratore d'impugnare). Il licenziamento disciplinare è relativo ad inadempimento, al comportamento del lavoratore; ma il licenziamento per ragioni economiche ha tutta un'altra motivazione: motivo oggettivo individuale o plurimo, collettivo, per la politica dell'azienda, per crisi economica, etc: ragioni inerenti all'attività produttiva, all'organizzazione del lavoro ed al regolare funzionamento di essa.

32.   Il licenziamento per ragioni economiche e collettivo

La fisiologia del licenziamento è quando la ragione non dipende dal lavoratore ma da una valutazione dell'imprenditore sul modo più efficace sul gestire l'impresa: c'è crisi e bisogna ridimensionare l'azienda, oppure non c'è crisi ma si vuole sostituire il lavoratore con tecnologia. Questo licenziamento determinato da ragioni economiche nel nostro ordinamento è determinato da una direttiva europea condivisa da tutti gli stati europei. Il licenziamento economico può riguardare un solo lavoratore, come più lavoratori (più frequentemente). Invece il licenziamento per giustificato motivo oggettivo dipende da ragioni differenti: la grande impresa quando licenzia per ragioni economiche lo fa raramente per singoli provvedimenti economici.

Tutto ciò che riguarda l'attività produttiva e tutto ciò che sia inerente all'organizzazione del lavoro ed al regolare il funzionamento di essa ricade nella tutela dell'art. 41 Cost., sulla libertà dell'organizzazione economica. Quando il datore decide di licenziare uno o più lavoratori per ragioni oggettive può vedersi considerata la sua scelta insindacabile dal giudice? L'obbligo di motivazione porta con sé la possibilità di controllo da parte del giudice; per ragioni soggettive il giudice deve valutare la sensibilità della motivazione. Può operare il giudice allo stesso modo di quando si valutano le ragioni di giustificato motivo soggettivo? In prima istanza si risponderebbe no: il giudice non potrebbe sostituirsi al datore di lavoro nell'organizzazione d'impresa. Il giudice può limitarsi ad un solo controllo di legittimità.

La giurisprudenza si deve limitare a due tipi di controllo: nesso di causalità tra organizzazione economica e licenziamento con la dimostrazione della sussistenza della consequenzialità. Bisogna dimostrare che il lavoratore in uscita non serva in alcun modo, in alcuna situazione o reparto, in modo utile. La Giurisprudenza opera un controllo rigorosissimo di legittimità dell'applicazione di questo tipo di procedimento di licenziamento: tutto si gioca sugli oneri probatori (Art. 3 L. 604/1966)[12].

Nel caso della malattia cronica, e quindi di assenza con contestuale sostituzione del lavoratore da parte del datore di lavoro ci si domanda se sussista giustificato motivo oggettivo: in realtà la *ratio* vuole che si faccia di tutto per non licenziare (anche il degrado di posizione lavorativa, attribuendo mansioni inferiori), quindi la giurisprudenza è contraria, a meno

---

[12] Il licenziamento per giustificato motivo con preavviso è determinato da un notevole inadempimento degli obblighi contrattuali del prestatore di lavoro ovvero da ragioni inerenti all'attività produttiva, all'organizzazione del lavoro e al regolare funzionamento di essa.

non si dimostri che è impossibile utilizzare il lavoratore in altre mansioni. Lo stato di detenzione del lavoratore per fatti estranei al rapporto di lavoro non costituisce inadempimento degli obblighi contrattuali (impossibilità della prestazione), e si giustifica il licenziamento solo in caso di assenza intollerabile data la durata estesa della detenzione, della piccolezza dell'azienda.

Ci sono delle ipotesi in cui il licenziamento è comunque nullo indipendentemente dalle ipotesi di giustificato motivo, con la conseguenza della reintegrazione: per ragioni di discriminazione, di ritorsione, intimato durante il periodo di malattia o maternità (anche nella piccola impresa), in caso di matrimonio.

Ci sono delle ipotesi in cui il licenziamento è invece inefficace, quando è privo delle forme prescritte: comunicazione per iscritto, possibilità di richiedere i motivi entro 15 giorni, obbligo di rispondere entro 7 giorni, altre "irritualità" (non immediatezza, modificazione dei motivi). Il rimedio è comunque la reintegrazione quando è applicabile. Tre sono i regimi d'invalidità del licenziamento: nullità, annullabilità, inefficacia.

Il licenziamento collettivo è stato disciplinato da una direttiva europea: quando il datore deve ridurre drasticamente la produzione si pongono in essere chiusure di unità produttiva o d'interi reparti. Questo tipo di licenziamento si divide in due fattispecie contenute nella legge 223/1992, che prevede all'art. 24 la titolarità del diritto di un tal tipo di licenziamento per aziende superiori a 15 dipendenti, e per licenziamenti di non meno di 5 dipendenti in 120 giorni, con conseguenza di una trasformazione dell'attività di lavoro: drastica riconversione produttiva.

La messa in mobilità prevede il licenziamento, invece la cassa integrazione non lo prevede: quando si tratta di questo tipo di licenziamento non è necessario un minimo di dipendenti e non è necessario neanche un limite temporale. Questo viene regolato dicendo che gli obblighi non sono di carattere sostanziale, il giudice deve valutare solo la legittimità della procedura di licenziamento. Il procedimento è amministrativamente molto formalizzato, e l'impresa che voglia legittimamente licenziare collettivamente deve coinvolgere i sindacati in modo sensibile, comunicare analiticamente a questi dell'iniziativa di licenziamento collettivo con motivazione. Dopo questa comunicazione bisogna convocare i sindacati (i quali chiedono l'esame congiunto che serve a capire se è possibile ridurre il numero dei licenziamenti programmati entro sette giorni, sempre).

I sindacati sono liberi di fare controproposte, senza obbligo di contrattazione. Se si arriva ad un accordo coi sindacati con sottoscrizione il datore riceve una serie di ausili (risparmio del licenziamento collettivo, benefici di carattere finanziario). Il legislatore dà una definizione temporale: 45 giorni. In questa fase bisogna trovare misure alternative al licenziamento, individuando i criteri di scelta del licenziamento. Qualora non c'è accordo sindacale, e accordo sui criteri, soccorrono i criteri sussidiari disposti dalla legge: carichi di famiglia, anzianità d'età o di servizio, esigenze tecnico-produttive, etc. Continua la procedura dal tavolo sindacale alla struttura amministrativa, dal negoziato dell'azienda ci si trasferisce alla Direzione Provinciale del Lavoro la quale convoca datori e sindacati. La fase amministrativa deve durare al massimo 30 giorni tentando di nuovo di raggiungere un accordo: la situazione è grave e le autorità pubbliche intervengono (Prefettura, Comune, etc.): il mediatore pubblico utilizza le proprie risorse. Dopo le due fasi il datore è autorizzato a licenziare, e la terza fase (del licenziamento) prevede l'applicazione dei criteri di scelta. Il licenziamento avviene per iscritto rispettando il termine di preavviso (o con indennità), ed il datore è obbligato ad inviare alla Direzione Provinciale del Lavoro a comunicare la lista dei lavoratori da iscrivere nella lista di mobilità.

Le conseguenze del licenziamento illegittimo perché privo di giusta causa o giustificato motivo sono: il risarcimento del danno, o l'effettiva reintegrazione nel posto di lavoro. In tutta Europa si oscilla fra questi due rimedi, e l'Italia, prima dello Statuto dei Lavoratori, prevedeva solo il risarcimento del danno. La legge 604/1966 (che non è stata abrogata) prevede all'art.4 (ed ha previsto in esclusiva) il solo risarcimento entro un limite minimo e massimo. E' però una falsa tutela: basta un risarcimento basso per confermare la situazione di fatto del licenziamento. Astrattamente dà la possibilità di riassumere, ma è molto più conveniente pagare l'esiguo risarcimento: questo sistema di risarcimento *tout court* non dà altro: c'è una monetizzazione del licenziamento.

La tutela reale è l'effettiva reintegra nel posto di lavoro (Art. 18 Statuto dei Lavoratori, Legge 300/1970): il giudice che dichiara invalido (nullo, annullabile, inefficace) il licenziamento, ordina al datore di lavoro di reintegrare il lavoratore del posto di lavoro. Il giudice però non può obbligare materialmente all'adempimento, né è stata prevista la condanna penale per l'inadempimento, ma è stata prevista una sanzione civile: pagamento delle mensilità mancate (minimo 6 mesi).

Se nel frattempo il lavoratore ha lavorato altrove non gli può essere tolto guanto ha guadagnato.

33. Modifica del sistema sindacale (Tsunami Marchionne)

A seguito dello "tsunami Marchionne" sono mutate le regole di negoziazione e rappresentanza condizionando l'intero assetto del Diritto Sindacale: è una vicenda simbolica che porta ad un cambiamento nei due stabilimenti principali modificando sull'intero territorio nazionale il sistema sindacale, e ciò non perché si vuole dare una svolta dall'oggi al domani, ma perché la FIAT non è solo più una azienda italiana, ma adesso è una impresa globale con interessi produttivi in tutto il mondo (Brasile, America Latina, Polonia, Serbia, Turchia), e quindi ha perso d'interesse rispetto al mercato italiano, in quanto l'Italia è divenuto un tassello alquanto limitato di un sistema che è adesso globale.

Al centro non ci sta più il settore, ma l'azienda multinazionale (appunto la FIAT), ed è chiaro che questo cambiamento è epocale in quanto bisogna cambiare il sistema senza cambiare le leggi, nel quadro delle regole vigenti che sono abbastanza inadeguate in relazione al nuovo scenario, ed è come se la realtà anticipasse i tempi e le discipline.

Il Diritto Sindacale si divide in:

➢ Sistema sindacale, il soggetto sindacale con tutti gli organismi di rappresentanza, come si fa a organizzare e regolare il pluralismo sindacale formato e gli eventuali accordi tra i vari sindacati e le aziende, dissenso, norme di regolazione, tutele;

➤ Attività posta in essere dal sindacato: il sindacato si definisce tale se riesce a stipulare accordi con associazioni di imprenditori o singoli imprenditori, sistema di contrattazione collettiva all'interno del quale si svolge quest'attività di regolazione congiunta dei lavori mediante quel negozio che è il contratto collettivo;

➤ Conflitto: cosa succede se non si raggiunge un accordo, se le parti non danno luogo ad un accordo a tal punto da far nascere lo sciopero (riconosciuto in Italia come diritto).

E' nata la questione giuridica se titolare del diritto di sciopero è il sindacato o il singolo lavoratore: nel caso in cui si pone in essere un'attività di sciopero da lavoratori non iscritti al sindacato, la violazione della clausola di tregua fa sorgere inadempimento? No, in quanto lo sciopero è comunque un diritto del lavoratore che non fa nascere alcun effetto giuridico, ma con la modifica del sistema sindacale in tali casi potrebbero essere presi provvedimenti di carattere disciplinare (compreso il licenziamento) nei confronti dei lavoratori inosservanti della clausola di tregua (v. Accordo FIAT).

E' importante capire come è il sistema attuale e come viene modificato (rischia di esserlo) alla luce di queste vicende ultime legate alla FIAT.

La FIAT da impresa nazionale è stata organizzata come "New company" facendola divenire una impresa globale, non circoscritta all'Italia, ma estesa a tutto il mondo, inglobando la Chrysler e improntandosi sullo schema sindacale americano, cristallizzando l'accordo rivedendo le regole sindacali, e le regole sul conflitto: per poter far sopravvivere la FIAT è stato necessario scardinare il precedente sistema dando carta bianca sull''organizzazione sindacale.

Gli impianti devono lavorare più tempo possibile (sei giorni lavorativi), 280 mila vetture l'anno (Suv Chrysler ed Alfa Romeo), investimento di oltre un miliardo di Euro, lavoro individuale di 40 ore settimanali, aumento del reddito annuo di oltre 3.700€, 18° turno con il solo straordinario, colpire gli assenteisti, recupero massimo dell'attività del lavoro, diminuzione delle pause e dei riposi, controllo della conflittualità.

Un primo livello d'incidenza è quello delle condizioni di lavoro; il secondo è quello che ha suscitato più critiche: modifiche dei diritti individuali e sindacali (limiti al conflitto, riduzione delle libertà costituzionale, etc.) prevedendo però un aumento di retribuzione: i lavoratori italiani sono pagati molto meno rispetto a quelli tedeschi (le auto tedesche sono però di migliore qualità).

L'industria manifatturiera tedesca è molto forte poiché basato sull'apprendistato che comporta da un lato maggiore prezzo sul mercato ma migliori garanzie sul prodotto.

Lo schema classico della relazione tra le fonti prevede che sia legge che il contratto collettivo di categoria stabiliscono la piattaforma minima dei diritti contribuendo ognuno per la propria parte un limite di diritto sotto il quale non si può andare, ma che può sempre essere migliorato (e mai ridotto), quindi disposizioni legislative o contratti collettivi di superiore livello possono migliorare le clausole negoziali.

La Fiat ha detto che il proprio contratto non è di secondo livello (integrativo), recedendo da quello di primo livello (del sindacato), ne stipula uno nuovo (di primo livello) che può derogare a quello precedente metalmeccanico (e la legge). Si giustifica con la modifica della FIAT in una nuova società (poiché vi è la fusione con la Chrysler) che non aderisce al vecchio contratto: e come se la FIAT dicesse che non aderisce ad un contratto di doppio livello, ma a livello unico (aziendale) regolando e disciplinando istituti (anche in maniera derogatoria), a suo dire non in maniera peggiorativa (sic!).

Si afferma il principio che il contratto d'azienda può anche porsi anche in maniera peggiorativa rispetto al contratto nazionale: se lo sciopero viene considerato illegittimo non può che esserci un peggioramento rispetto alla situazione precedente. Vi era quindi il divieto della modifica *in peius*: oggi viene adoperata una modifica *in peius*. Addirittura la modifica avviene da un soggetto che non è un sindacato (quel soggetto che avrebbe potuto avere sulla base rappresentativa una qualche potestà di modifica anche *in peius*). Questa deroga è avvenuta in seguito alla sottoscrizione solo da una parte dei sindacati: quello più rappresentativo ha rifiutato la sottoscrizione il che produce una forte conseguenza: i sindacati quindi non si muovo all'unisono.

La deroga viene sancita sulla base di una spaccatura del sistema sindacale: la regola che può governare questa situazione di conflittualità in realtà non esiste: è una situazione nuova che non è stata disciplinata e quindi ci si domanda se fosse necessaria introdurre una Legge che regoli il sistema di rappresentanza sindacale, ma i sindacati si rifiutano ad accettare una regolazione legislativa tra i rapporti e le relazioni sindacali. Se c'è un dissenso radicale e non c'è più possibilità di cambiar idea è chiaro che l'unico soggetto che è in grado di dare una risposta sia il legislatore, ma l'attuale Governo si rifiuta a regolare qualcosa che è propria dei sindacati.

Il rischio vero è quello che la giurisprudenza mediante i giudici debba esprimersi in tal senso. La contrattazione aziendale è di tipo organizzativo, e la giurisprudenza ha inteso l'efficacia *erga omnes* (fino ad ora). Il contratto collettivo è in Italia regolato dalle norme di diritto comune (Diritto del Codice Civile) in quanto non è stata data mai attuazione alla seconda parte dell'Art.39 Cost. relativa alla regolamentazione sindacale e dell'efficacia del contratto collettivo.

Questi contratti sulla base dello schema della rappresentanza dovrebbero funzionare solo sulla base di un mandato concesso dal lavoratore al sindacato, a secondo la regolazione della Costituzione il contratto avrebbe avuto efficacia obbligatoria per tutti anche senza iscrizione: la delegazione sindacale doveva essere costituita in proporzione al numero degli iscritti, essere rappresentativa introducendo quindi il sistema del principio di rappresentatività degli associati (sistema in Italia mai eseguito). Nel nostro sistema vige a tutt'oggi un sistema in cui il contratto collettivo non è erga omnes ed è regolato dal Diritto Civile così come è disciplinato nel Codice Civile).

Nel nuovo sistema le assenza non vengono pagate (si perde il diritto alla retribuzione in caso di assenteismo). Il problema si rovescia: ci sono gruppi di lavoro che si dicono non rappresentati dai sindacati che hanno sotto scritto il contratto peggiorativo. Il problema si risolve dicendo che gli accordi aziendali implicano riorganizzazione riguardando materie indivisibili di fatto sono vincolanti per tutti i lavoratori poiché riguardano l'organizzazione del lavoro e sarebbero di natura tale da finire a regolare interessi indivisibili tanto che sarebbe impensabile applicare la rappresentanza associativa.

I giudici spesso rispondono che in caso di dissenso (a meno che il contratto sia stato firmato dai sindacati maggiormente rappresentativi) vi deve essere rispetto di esso stesso. Al di là del fatto che sia previsto un *referendum* (che la FIOM dice essere senza valore poiché non è libero) Marchionne non porrà investimenti in caso di non adesione al contratto. Le regole non si possono inventare di volta in volta, ma così avviene. Al di là dell'esito referendario nulla esclude che finito l'accordo un gruppo di lavoratori vada davanti al giudice chiedendo l'esclusione dal contratto, e nulla esclude che il giudice dia ragione. Marchionne allora dice che le relazioni aziendali non sono governabili per cui il sistema non è regolato.

Di fronte a ciò molti giuristi dicono che è arrivata l'ora di introdurre una legge che dia certezza anche a certe condizioni con presenza derogatorio, etc.

175

34.   Rappresentatività sindacale

L'Italia dall'inizio del 1900 è stata caratterizzata dall'industria automobilistica, ma con lo "Tsunami Marchionne" ha modificato irrimediabilmente questa industria al punto da farla divenire una multinazionale. Come è possibile che una situazione di fatto, una vertenza, possa influenzare il sistema giuridico? Come fa un fatto di cronaca ad avere delle ricadute immediate sull'ordinamento? Questo avviene perché il diritto sindacale in Italia è poco legificato in cui si regolano alcuni diritti base e tutto il resto è in qualche modo oggetto di regolamentazione autonoma delle parti sociali.

La regolamentazione è affidata ai soggetti dell'ordinamento, e quindi il sistema sindacale di fatto non può che influenzarlo in quanto coincidente: i fatti finiscono per creare le regole e non viceversa. I cambiamenti avranno delle ricadute in ambito di contrattazioni collettive. I contrappesi sono pesanti, ma Marchionne sta riuscendo grazie alla sua posizione ad indurre un cambiamento abbastanza repentino. Una regola non scritta del sistema sindacale italiano viene stabilita col consenso di tutti i soggetti, e Marchionne però vuole affermare l'idea che i cambiamenti possano avvenire senza il consenso di tutti (FIOM e CGIL).

Si è deciso di continuare per la strada del cambiamento contro una parte dei soggetti che fino ad ora hanno partecipato alla costruzione del sistema. Marchionne con una frase riassume la sua filosofia dicendo che in Italia ci sono due modelli: conservazione e cambiamento, e l'Italia se vuole salvarsi deve modificarsi. Egli vuole iniziare dalle relazioni sindacali. Con l'accordo che hanno fatto i lavoratori della catena di montaggio (malgrado la tecnologia) funziona ancora come decenni orsono, e mediante una distribuzione scalare si poteva godere di trenta minuti di pausa (tre intervalli di dieci minuti): lo scopo è quello di abolire le pause per far lavorare le catene in continuità; la FIOM si è rifiutata.

L'altra controversia sussiste sui turni di lavoro: l'idea è che nella industria manifatturiera per sostenere la continuità globale ogni minuto deve essere lavorato: non si possono fare pause, pause-pranzo, etc., durante l'orario di lavoro; la FIOM si è rifiutata. La questione è stata posta in termini di "prendere o lasciare", il capitale è effettivamente globalizzato e quindi o si raggiunge l'accordo oppure Marchionne chiude la fabbrica di Torino (FIAT) e se ne va a Detroit. La FIOM solitamente contratta per evitare licenziamenti e quindi spesso deve rinunciare a taluni diritti, allo stesso modo si comporta la CGIL, ma questa volta i diritti da caducare sono eccessivi e quindi si ritiene che i provvedimenti proposti da Marchionne non sono sindacabilmente accettabili.

Viene in discussione il concetto di rappresentatività sindacale: vi sono sindacati di tutti i generi legati a qualsiasi orientamento, religione, filosofia, politica, territorio, etc. In Italia c'è stato un criterio che è quello della rappresentatività sindacale. Come si fa a decidere quale sia il sindacato più rappresentativo? Ci sono vari metodi di computo, ma una delle regole fino ad ora invalsa era quella che tutti i sindacati più o meno rappresentativi avrebbero dovuto partecipare alla concertazione sociale.

Ad oggi si sta decidendo non già sulla base della rappresentatività sindacale, ma su un principio di democrazia diretta: *referendum*. La democrazia diretta può non coincidere con la democrazia rappresentativa. Il caso FIAT non rende necessaria una riforma nel settore privato come nel settore pubblica dove i sindacati hanno un tasso di rappresentatività computato dalla media ponderata tra numero di iscritti e voti oppure lo si debba fare sulla base di una contrattazione?

C'è un problema di assoluta anomia, mancanza di regole, è stato messo in discussione dalle parti l'accordo (dopo circa quindici anni): bisogna decidere il criterio di rappresentanza; lo deve fare il legislatore? Il Governo dice no; secondo l'esecutivo devono essere le parti a decidere, ma è pure vero che le parti sono in completa discordanza. Come fa un contratto collettivo avere validità generale? Perché è contratto nazionale e si vuole porre come norma di primo livello che fissa le norme generali; le norme di secondo livello sono quelle aziendali, territoriali, che specificano quanto delineato dalle norme di primo livello.

Marchionne dice che non vuole stare più come FIAT all'interno del contratto di metalmeccanici in quanto non si può stare poiché eccessivamente restrittivo. Marchionne è uscito da Confindustria, ha creato la New Company e ha disdetto il contratto metalmeccanico. La FIAT (che è la più grossa industria metalmeccanica) non è più in questo contratto dei metalmeccanico, pertanto ne resta fuori. Secondo il nuovo contratto, nessuna clausola può essere disapplicata in quanto sono previsti anche delle compensazioni, si desume la sua applicazione *erga omnes* in quanto vi è indivisibilità delle materie, quindi l'applicazione verso tutti avverrebbe "per natura": gli interessi sono indivisibili, ma non sta scritto da nessuna parte; "l'*erga omnes*" sarebbe sussistente solo in caso di legificazione, ma in questo caso non c'è legislatore, e la cogenza erga omnes nasce non già da una normazione ma dai fatti.

Mentre la Cassazione tende ad accettare questo ragionamento non può valere la regola della rappresentanza privatistica che vede il sindacato come una associazione non riconosciuta. Il sistema dell'art. 39 seconda parte non è stato applicato, e non si può raggiungere lo stesso fine lì delineato se non passando proprio da lì. La rappresentanza del Diritto Provato ci dice che l'atto del mandatario si ripercuote solo su mandante, ma nel Diritto Sindacale l'atto del Sindacato vincolerebbe anche i non iscritti al Sindacato, come se esso fosse un ente politico istituzionale (di natura similpubblicistica).

La forzatura della situazione è che la cogenza erga omnes sia desumibile dai fatti.

35.   Le diverse tipologie di contratto collettivo

Mentre il contratto collettivo può essere considerato un sistema di regolazione di lavoro, invece la contrattazione collettiva è la procedura che crea queste regolazioni, la procedura che termina con la creazione del contratto collettivo. Il sistema italiano a partire dal protocollo del 1993 si basa su due livelli: livello di categoria ed aziendale. Fra i diversi livelli si stabilizzano diverse relazioni, attraverso accordo quadro si danno le regole per armonizzare ed equilibrare i rapporti fra i diversi livelli di contratto collettivo. La struttura della contrattazione poiché implica diverse tipologie ci fa capire come diversi sistemi hanno sistemi alquanto complessi.

Il sistema legale normativo è complesso, ed allo stesso modo questa fonte di regolazione ha una sua complessità interna che va studiata e percepita bene. E' implicito questo riferimento tra legge e contratto collettivo erga omnes, in quanto il contratto di diritto comune è vincolante solo per i soggetti che vi si vogliono vincolare. Si tratta di sistemi e fonti articolati e complessi.

Se riferiamo questo discorso al contratto collettivo come fonte esistono nel nostro ordinamento tipologie diversificate di contratti la cui differenza non è d'interesse territoriale, ma d'interesse d'efficacia giuridica, in quanto cambia la sostanza. Il contratto previsto dalla seconda parte dell'Art. 39 Cost. sarebbe stato erga omnes, ma non è stato mai applicato. Se fosse stata attuata la Costituzione si avrebbe avuto per quel contratto collettivo si avrebbe avuto un contratto erga omnes di categoria, un elemento di forte giuridificazione del sistema contrattuale.

Per efficacia *ultra vires* obbligatoria s'intende un doppio effetto: un effetto di tipo orizzontale (il contratto è obbligatorio a tutti i soggetti indipendentemente dall'iscrizione al sindacato, i quali rientrano nell'ambito di giurisdizione della categoria) di efficacia soggettiva in estensione; l'altro effetto è in qualche modo connesso con una cogenza di fonte normativa ed è ti tipo verticale (tutti i soggetti sotto la giurisdizione di quella legge sono assoggettati anche al contratto: nel caso in cui il contratto non si dovesse applicare è sostituito dalla legge con medesimo effetto della norma imperativa).

L'effetto d'imperatività del contratto erga omnes è il medesimo di quello della legge imperativa: esplica il proprio effetto orizzontalmente per categoria e si applica verticalmente al di là di una difforme volontà del contratto collettivo. Nel nostro sistema non esiste un contratto di questo tipo, perché l'unico modello era previsto dalla seconda parte dell'Art. 39 Cost. mai attuato (ma che potrebbe essere attuato). Al sindacato potrebbe esser attribuito un potere pubblicistico, ma in quanto privato, autonomo e distaccato dallo Stato non gli si può attribuire potere pubblicistico, ma allora ci si chiede se i suoi atti sono equipollenti a quelli del legislatore. I sindacati per agire come il legislatore avrebbero dovuto raggiungere un compromesso con lo Stato previsto dal sistema costituzionale: per ottenere l'efficacia erga omnes (potere non più di mera rappresentanza associativa, ma politico istituzionale) con contratto unitario, era necessario rispettare taluni principi: democrazia (configurazione interna d'organizzazione su base democratica con referendum, etc.), trasparenza (niente segretezza), registrazione (forma giuridica d'associazione riconosciuta, con responsabilità patrimoniale, etc.), controllo da parte dello Stato (non di fini o di scopi).

Per una certa fase storica il legislatore di fronte all'incapacità politica e sindacale di applicare l'art. 39 previde un governo del pluralismo con il principio proporzionalisti (delegazione unitaria di tutti i sindacati formata in proporzione del numero degli iscritti ai sindacati), ma i sindacati rifiutarono, e legittimare quel meccanismo consisteva nel consegnare le chiavi della concertazione al sindacato più rappresentativo. Il meccanismo della delegazione unitaria avrebbe comunque implicato un controllo dello Stato sui sindacati poiché solo un organo pubblico (prefetture) avrebbero potuto controllare il rispetto delle condizioni con poteri inquirenti, di controllo, etc.

Negli anni '50 i sindacati rifiutarono il contratto collettivo erga omnes perché non si fidarono dello Stato, del Governo di allora e dei computi, pertanto il contratto collettivo erga omnes nei fatti non c'è. Nel '59 (i grandi dei sindacati erano in parlamento) sulla base di questa transizione infinita, di questa indecisione, il Governo si volle inventare un meccanismo per attuazione erga omnes: poiché vi è un'ampia produzione di contratti collettivi posti dai sindacati, si crea una legge con cui si recepiscono tutti i contratti acquistando efficacia erga omnes derivata.

La Corte Costituzionale rispose a questo comportamento affermando che non era possibile incorporare i contratti collettivi come procedimento ordinario con reiterazione a cadenza temporale costante bypassando l'art. 39 dichiarando quindi incostituzionale tutti i decreti legge successivi reiteranti l'incorporazione.

Per cui sono ancora in vigore i primi decreti legge ma in effettivi perché superati da altri contratti collettivi (non più recepiti). I contratti collettivi corporativi sono formalmente in vigore in quanto transitoriamente recepiti nel 1944 ma che nessuno applica più. Il contratto collettivo di Diritto Comune è dominante (il 98% dei contratti collettivi hanno questa forma) e regolano la stragrande maggioranza dei rapporti di lavoro ma paradossalmente sono gli unici che non hanno una regolamentazione normativa.

Ricapitolando, i contratti collettivi (chiamati unitariamente **Fonti Negoziali**, che assieme alle **Fonti Normative** costituiscono tutte le **Fonti del Diritto del Lavoro**) sono quattro, ma solo l'ultimo (quello non regolamentato per norma) è utilizzato:

>   **Il contratto collettivo "costituzionale"** (ipotesi della seconda parte dell'art. 39);

>   **Il contratto collettivo corporativo** (incorporati nel regime transitorio del '44);

> **Il contratto collettivo esteso *erga omnes*** (incorporato con D.L. nel '59);
> **Il contratto collettivo di diritto comune.**

Il contratto collettivo di Diritto comune non è una fonte semplice ed omogenea, bisogna guardarlo sotto lo specchio rifrangente della contrattazione collettiva che è la procedura che produce contratti collettivi. Vi è quindi un sistema di livelli subordinati al contratto collettivo di diritto comune: interconfederale, aziendale, di categoria, territoriale. Ci sono quindi contratti d'ambito differente comportando problematiche giuridiche di tipo diverso. Il contratto nazionale di categoria è un contratto di mai efficacia giuridica erga omnes ma la giurisprudenza lo ha applicato come se fosse erga omnes attraverso la "tesi regina" giurisprudenziale che razionalizza ex post il fatto che il contratto di categoria lo applica a tutti sulla base dell'utilizzo giurisprudenziale dell'art. 36 Cost. (e non 39), con un principio nato da una sentenza degli anni '50, ragionando sul filo della retribuzione sufficiente, ed essendo questa norma precettiva e non meramente programmatica, dev'essere subito applicata (mediante il contratto collettivo nazionale astrattamente applicato).

Viene tirato in ballo anche l'art. 2099 del c.c. sull'equità, e quindi sono tre gli elementi che il giudice utilizza per far divenire il contratto sostanzialmente erga omnes in via di fatto. Se in un settore non ci sono contratti collettivi si va a guardare un contratto collettivo analogo e va applicato e non c'è un'operazione imperativa ma di equità sociale. Attraverso il giudice il contratto nazionale di categoria viene utilizzato "a valle" erga omnes (senza riconoscimento "a monte" di giuridicità). I contratti collettivi di diritto comune sono quindi:

> **Gli accordi interconfederali;**
> **Il contratto collettivo nazionale di categoria;**
> **Il contratto collettivo aziendale;**
> **Il contratto collettivo territoriale (commercio, edilizia, agricoltura, etc.)**

C'è un immediato ribaltamento del potere sul Lavoro: c'è un ampio decentramento di questo potere tale da dar maggior forza ai management locali, ai sindacati territoriali, a discapito dei contratti collettivi nazionali, ed il sindacato nazionale resta spiazzato, poiché così facendo perde potere. Conta più il sindacalista aziendale che il segretario generale del sindacato nazionale. Vi è incidenza sul sistema delle fonti e sull'organizzazione del sindacato. Malgrado la razionalizzazione giuridica, sul piano della definizione del soggetto e dell'azione sindacale, si fonda ancora in buona misura sulle regole del diritto privato.

L'ultima parola spetta sempre ai giudici i quali faranno sempre e comunque riferimento a principi di equità che fanno sì che in via di fatto il contratto collettivo nazionale sia fatto rispettare.

36.   Articolazione sindacale: categoriale, federale ed confederale.

Il protocollo Ciampi non si applica perché la FIAT ha costituito una nuova impresa che non è vincolata a Confindustria e quindi al Protocollo del 1993. L'accordo che è stato firmato a Mirafiori è un nuovo tipo di contratto collettivo (di primo livello) perché non si applica il Contratto Collettivo Nazionale. Solitamente il contratto aziendale di categoria integra il contratto collettivo nazionale di categoria, ma quello che è stato firmato a Mirafiori è di primo livello, sostituitosi con quello collettivo nazionale. L'Art. 39 Cost. al primo comma (l'unico precettivo: gli altri sono programmatici) dice che l'organizzazione sindacale è libera: è complessa. C'è una regolazione territoriale (provinciale), regionale e nazionale (confederale).

La Camera del lavoro è intercategoriale (confluiscono tutte le categorie).

Nel periodo corporativo l'idea di categoria preesisteva al sindacato che la rappresentava, ma nel nostro ordinamento è il sindacato a preesistere alla categoria: la categoria non è definita, ed è il sindacato ad individuare la categoria, che non può non essere individuata da un altro sindacato. Nel nostro sistema sindacale in sindacato è d'industria, quindi di categoria. Nel settore pubblico è il legislatore che ha individuato la rappresentatività, ma nel settore privato è necessario deferire la presunzione di rappresentatività alle confederazioni.

Con il protocollo del 1993 sono stati definiti i vari livelli ed i cari criteri di contrattazione: criterio gerarchico ed il criterio di specialità (per cui a livello integrativo non si disciplinano le stesse materie disciplinate a livello nazionale).

Con l'accordo Mirafiori si modifica quello del 1993 poiché esso non è strettamente aziendale, ma viene considerato di primo livello. Il livelli minimi contributivi sono specificati sulla base di voci di rango aziendale. Mentre nel protocollo del '93 a livello aziendale viene specificato quanto disciplinato a livello nazionale, il contratto Mirafiori disciplina quanto sarebbe dovuto essere disciplinato a livello aziendale.

Non c'è in Italia nessuna legge che individua la gerarchia dei livelli dei contratti ed il rapporto tra i vari livelli, che sono in dipendenza dalla contrattazione negoziale. Non facendo parte di CONFINDUSTRIA, la New Company non è vincolata al protocollo del

1993. La disciplina della concertazione è quella del Diritto Comune, così come descritto nel C.C.

Bisogna individuare quale soggetto è legittimato a far parte della negoziazione. Viene superato il protocollo del '93 e la FIOM non potrà avere una R.S.A. all'interno dell'accordo. Dentro l'azienda 900 su 5000 votano FIOM e non avranno la rappresentatività, e rimarrà fuori dalla fabbrica, e non si può permettere la costituzione dell'R.S.U. Quando un sindacato ha un numero di iscritti così elevato ha un certo peso nell'organizzazione sindacale. L'R.S.A. è un'articolazione di categoria (verticale) ed ha una disciplina legale (l'art. 19 St. Lav.) che nella sua vecchia formulazione stabiliva che all'iniziativa dei lavoratori potessero essere costituite organizzazioni sindacale all'interno delle confederazioni nazionali, o all'interno di quelle confederazioni regionali o nazionali legate all'attività produttiva.

Questi due criteri individuavano i destinatari disciplinati dallo St. Lav. Il quale stabilisce che solo questi soggetti possono godere dei diritti sindacali all'interno dell'azienda. La Cort. Cost. è stata adita per la violazione degli articoli 3 e 39 (primo comma) della Cost. La Corte ha salvato entrambi criteri dell'articolo 19 nel '74 con considerazioni discutibili che però vennero mantenute attribuendo all'art. 19 un carattere definitorio. Si attribuivano rappresentatività presunte alle organizzazioni maggiormente rappresentative con facoltà di tutelare i diritti di quella categoria di lavoratori. Viene individuata la capacità di tutela di una categoria di lavoratori iscritti e non al sindacato.

Chi è maggiormente rappresentativo ha il potere di rappresentare iscritti e non iscritti per la concertazione. Viene individuata l'effettività di tutelare i diritti della categoria protetta, e c'è pure un secondo criterio che attribuisce alle organizzazioni di dimostrare la propria rappresentativa con il firmare un contratto collettivo che tuteli i diritti della categoria.

La Corte viene interpellata perché c'era il rifiuto da parte di un'impresa della costituzione di una R.S.A. di una organizzazione monocategoriale, e salva ancora una volta l'art. 19 garantendo la sua legittimità.

Vi è però una sentenza (30/1990) che rompe col passato: fu interpellata poiché la Cassazione aveva annullato gli atti (due accordi) di "sindacati di comodo" che non erano legati a sindacati maggiormente rappresentativi e non godevano dei requisiti previsti dall'art. 19. La Corte confermò quando stabilito dalla Cassazione ma negò l'esistenza di sindacati di "comodo" in questo caso. Essa mantenne la posizione rispetto all'inderogabilità dei criteri presenti all'interno dell'art. 19 ed invitò il legislatore ad adottare un sistema che facesse pesare l'importanza dei sindacati maggiormente rappresentativi.

Effettivamente non sono più sufficienti ad individuare l'effettiva rappresentatività visto che il modello non era più in grado a rappresentare la situazione sindacale del paese. L'art. 19 stabilisce dei criteri di rappresentatività rispettati i quali i sindacati potevano godere dei diritti sindacali ed inserirsi in un'attività produttiva. In un primo momento la posizione della Cort. Cost. è molto ferma: l'art. 19 individua criteri di selezione, rappresentatività che non è comparata ma è effettività nel rappresentare le necessità dei lavoratori.

Il quadro di riferimento in applicazione della norma è mutato, così come anche la posizione della Corte. I criteri dell'art. 19 sono inderogabili ma sarebbe il caso di adottare disposizioni di legge che facciano emergere i criteri di valutazione di rappresentatività effettiva. Questa parabola è coincidente con quella delle confederazione maggiormente rappresentative. Non si riconosce più nelle confederazioni maggiormente rappresentative la rappresentatività che si dava per presunta.

E' bastato che un'impresa uscisse dall'accordo, da modificare completamente la struttura sindacale in quanto manca nel nostro sistema una regolamentazione legislativa. La maggiore rappresentatività è certamente definita nel settore pubblico, ma non si può lo stesso dire per il settore privato (media ponderata tra iscritti e voti).

Nel 1995 con referendum abrogativo è stata eliminata la lettera A. Con una legge degli anni '70 il legislatore ha individuato involontariamente un criterio di rappresentatività.

37.   RSA ed RSU

Precedentemente le grandi confederazioni godevano di una forte rappresentatività in modo da poter tutelare gli interessi dei lavoratori. Il concetto della rappresentatività è diverso da quello della rappresentanza. Vi era quindi capacità presunta di rappresentatività: chi era più rappresentativo prendeva accordi "erga omnes". Si pone il problema del superamento della rappresentatività presunta sebbene la Corte Costituzionale ha più volte difeso e tutelato il contenuto e l'effettività dell'art. 19 dello St. Lav (L. n. 300/1970).

Questo criterio dell'art. 19 si credeva apportasse potere d'accreditamento al datore di lavoro reputando tale articolo in conflitto con l'art. 17 che vietava la creazione di sindacati di comodo. La Corte Costituzionale riteneva però che non sussiste potere d'accreditamento ma di misura del potere sindacale, salvando il criterio dell'art. 19. Con un'altra pronuncia viene chiamata in causa la corte costituzionale ritenendo che l'articolo in questione potesse influenzare e/o condizionare i sindacati nella sottoscrizione dei contratti collettivi: la Corte disse che non vi era condizionamento in quanto vi era libera decisione e comparazione sui possibili vantaggi dal contratto, salvando ancora i criteri dell'art. 19.

E' normale che l'organizzazione sindacale debba compiere valutazioni e quindi non è condizionata da una qualche regolamentazione. Le R.S.A. si costituiscono nell'ambito dell'organizzazione sindacale di qualunque livello con una rappresentatività misurata dall'esterno. Si è resa necessaria la costituzione di un soggetto diverso per rappresentare il voto dei lavoratori e allo steso tempo in grado di garantire e mantenere l'effettività del contratto collettivo nazionale all'interno di soggetti ed enti mediante la formazione delle R.S.U. (Rappresentanze sindacali unitarie) che hanno composizioni miste e vengono eletti per due terzi (da suffragio universale aderenti a qualsiasi cosa o non) e per un terzo sono designati da coloro che hanno stipulato il contratto collettivo nazionale (organizzazioni sindacali).

Per firmatarie si intendono quelle organizzazione sindacali non che aderiscano ma quelle che hanno partecipato alla negoziazione fino a giungere alla firma: e per contratto collettivo legato all'attività produttiva è quello volto a regolare il rapporto di lavoro. Il problema risiede nel fatto che questa rappresentatività possa non riuscire a tutelare tutti i lavoratori. Viene individuato questo meccanismi (RSU) per tutelare gli interessi di tutti i lavoratori (indipendentemente dalla loro adesione o meno ad un sindacato). Il sistema statutario ex art. 19 prevedeva che le RSA fossero presenti solo per coloro che fossero rappresentativi per coloro aderenti a CGIL CISL e UIL, invece le RSU sono rappresentative per tutti i lavoratori (anche i non iscritti).

Nel nuovo accordo con della FIAT non esistono RSU: sono previste solo RSA.

I firmatari del protocollo Ciampi del 1993 hanno rinunciato alla costituzione delle RSA con l'introduzione delle RSA. L'RSU è destinataria degli stessi diritti di cui gode l'RSA secondo l'art. 19.

All'interno di una azienda possono esserci RSU e RSA: RSU rappresenta tutti i lavoratori, e l'organo rappresentativo è formato da 2/3 eletti dai lavoratori, 1/3 designati da CGIL, CILS, UIL; l'RSA rappresenta gli aderenti ad un sindacato X che non rientra o non vuole rientrare (per eletti o designati) nell'RSU.

Si è posto un piccolo problema della composizione interna dell'RSU, che prevede che anche un solo componente può richiedere l'assemblea: l'art.

20 che consente il diritto d'assemblea prevede la richiesta congiuntamente da parte dell'RSA. Nel settore pubblico la rappresentatività è precisamente individuata: media ponderata tra aderenti e votanti. Affinché le trattative abbiano validità devono essere firmate dalle organizzazione maggiormente rappresentative individuate dal legislatore. La legge non è stata però decisiva anche per definire la rappresentatività anche per il settore privato.

Qualora debba essere messa in discussione, sarà il giudice che dovrà verificare il tasso di rappresentatività di un sindacato. Nel settore pubblico è necessario il 5% per sedere al tavolo delle trattative, ed il 51% per condizionare validità alla trattativa.

La FIOM che non firma l'accordo rimarrebbe fuori, e rimarrebbe fuori anche se per assurdo lo firmasse dopo. I sindacati autonomi non confluiscono nelle confederazioni (settore credito, trasporti, professionali, piloti, etc.). Si possono costituire RSA su iniziative dei lavoratori nell'ambito delle organizzazioni sindacali che abbiamo sottoscritto il contratto collettivo nell'ambito dell'attività produttiva.

38.   Le parti del contratto collettivo (Normativa ed Obbligatoria)

Il contratto collettivo è formato da due parti: obbligatoria (che regola i soggetti collettivi: organizzazioni sindacali ed associazioni datoriali), e la parte normativa (che regola i singoli lavoratori nelle loro funzioni). Nei contratti collettivi possono essere previsti elementi di obblighi d'informazione. Gli obblighi che si creano non sono in capo ai singoli soggetti, ma in capo ai soggetti collettivi. La regolamentazione dell'orario di lavoro, delle pause, delle ferie, della retribuzione, fa parte della parte normativa, che regola i contenuto del contratto di lavoro individuale. Le clausole strumentali sono invece nella parte obbligatoria (clausole che prevedono commissioni di arbitrato, organi di vario genere, etc.).

In principio il contratto collettivo era costituito solo dalla parte normativa. La differenza tra le due parti del contratto collettivo di riverbera anche sulle conseguenze dell'eventuale violazione del contratto collettivo: in base a quale parte venga violata, c'è una conseguenza differenze. Se viene violata una clausola della parte normativa sarà il lavoratore a sollevare la questione, invece se la violazione grava sulla parte obbligatoria, sarà il sindacato a sollevarla.

Gli obblighi producono effetti solo nei confronti dei soggetti collettivi. Nella parte obbligatoria vi è il dovere d'influenza: dovere d'influenzare dei datori agli altri associati datoriali di applicare il contratto collettivo. Rispetto al dovere di tregua sindacale, parte della dottrina riteneva tale obbligo era cogente solo in presenza di clausola espressa, e non intesa implicitamente. Il dovere di tregua sindacale ha un carattere normativa e si riferisce alle materie disciplinate dal contratto collettivo. Le azione dirette devono essere limitate solo alle contese relative strettamente alle esplicitazioni del contratto collettivo.

Per evitare i conflitti nel tempo sono state inserite regole di procedimentalizzazione del conflitto per regole riguardanti l'applicazione dei contratti collettivi (nel settore privato e non già nel settore pubblico). E' stato inserito un meccanismo di raffreddamento per tutti contratti collettivi nazionali di categoria con il quale le parti devono negoziare sull'applicazione del contratto senza incorrere ad azioni dirette di controversia. Durante i tre mesi precedenti, ed al mese dopo la scadenza le parti non dovranno procedere ad azioni dirette di controversia, per evitare controversie a ridosso della scadenza del contratto collettivo per garantire un periodo di quattro mesi in cui le parti negoziano sulle trattative reciproche.

A partire degli anni '70 c'è stata una modifica della parte obbligatoria del contratto collettivo con clausole tutte dirette ad evitare i conflitti con l'individuazione di doveri verso le parti collettive di evitare controversie e varie clausole volte a evitare conflitti determinate dall'applicazione del contratto volte alla procedimentalizzazione dell'esecuzione. Rispetto all'obbligo di pace sindacale, per l'opinione dominante non esiste quest'obbligo nel contratto collettivo, quindi se le parti non lo concordano, esso non sussiste, neanche implicitamente: bisogna che lo si espliciti.

Uno sciopero destinato ad ottenere una regolamentazione di un istituto non disciplinato dal contratto non è contrario alla clausola di tregua: per evitare anche conflitti su questioni non previste è necessaria esplicitare una tregua sindacale assoluta. Le clausole di tregua si basano sul rapporto tra gli obblighi di comportamento sindacale ed il diritto di sciopero. Lo sciopero è un diritto costituzionale che si eserciti collettivamente e ne è titolare la collettività dei lavoratori. Nel momento in cui in un contratto collettivo è previsto un impegno di non promozione d'azione diretta, le parti dovrebbero far in modo che i lavoratori non scioperino. Ma se le parti scioperano sussiste un dilemma cruciale: è possibile violare il diritto di sciopero?

Lo sciopero è un diritto individuale benché ad esercizio collettivo, elemento dal quale non si può prescindere al momento della contrattazione.

Con tali clausole potrebbe avvenire (avviene) che i sindacati limitino il diritto di sciopero (disponendo dei diritti individuali dei lavoratori).

Sommario

www.ingramcontent.com/pod-product-compliance
Lightning Source LLC
Chambersburg PA
CBHW071423180526
45170CB00001B/206